U0021795

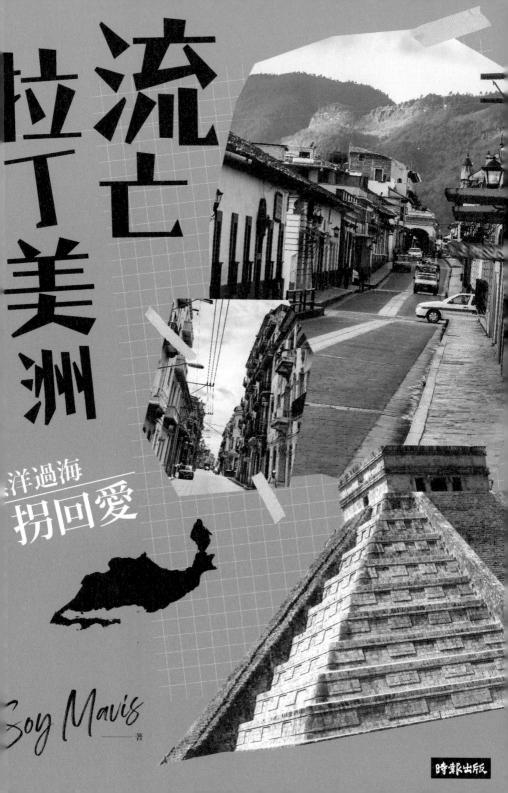

流亡
拉丁美洲

洋過海
拐回愛

Soy Mavis ——著

時報出版

序——關於書名

我很喜歡拉美那段行走多一點的日子，可能腳踩在土地上就多了點地氣，可以看見更多生活的樣子：常人生命中的打滾和掙扎，好像在此時都變得毫無距離；和在車上透過車窗或小螢幕看出去的感覺非常不同，隔著屏幕即使僅是透明隔板仍宛如有重重距離。

七年前我的拉丁美洲行，其實回顧後會發現，我匆匆的啟程是逃亡，未止的結局卻是滿滿的治癒——遇見的生命滋養了我，使我更能同理和知足。拉美行，對當時急切想要獲得人生成功的科研宅如我，似是履歷上的一行空白，但它其實是一記當頭棒喝。學校沒教會我的，世界教給我了；有些感受和領悟，不出走不會明白，那不是一條龍的教育系統、封閉式的社群中能習得的。七年後慢慢寫出這本書，每一章配合了景點，加諸種種文化衝擊和深度體悟想分享給大家。

流亡拉丁美洲，心曾經找不到回家的路，漂泊顛簸後因為來自世界的愛而重獲自由。

始料未及的就是此行除了無形上的收穫，拉美還待客有禮地附贈了實體伴手禮——我的墨西哥老公 aka 海產。這傢伙一開始看上我是因為我幫忙洗碗（請見我的 Zapotec 男孩一文），後來我回臺灣工作，兩年遠距後他又想盡辦法拿到學生簽證追過來，直到他研究所畢業又有穩定工作後我們才結婚（請見那個當年邀我共舞不成的墨西哥男孩，現在我要跟他舞上一輩子了一文）。

現在最愛他的他丈母娘我親媽看著自動自發洗衣打掃的我老公，替他打抱不平：「他當初不是因為看你洗碗才要跟你在一起，結果追愛過來當勞工喔？」

所以才叫漂洋過海「拐」回愛阿！我應該是驕傲睥睨的表情。

總之那趟旅程後拉美文化在我生命中想甩也甩不掉，朋友來家裡開的是墨荼 party、每年必定會出的遠門就是婆家墨西哥。有一個很有名的演講或脫口秀，是一個拉美亞裔混血說他其實很對自己的身分認同感到困惑，他的亞裔基因要求他短時間要完成崇高的目標，但是因為他的拉美基因要享受當下讓他過了很久還是沒付諸行動，幾年後回過神他的亞裔基因又會主導著他前進，而後他的拉美基因又讓他停頓下來；就這樣斷斷續續好幾年過去了，他才漸漸地達到了之前他設定的成就。雖然晚了很久，但同時他也不再對身分認同疑惑了，因為他頓悟——兩者皆是他，而即使慢，只要有在前進終會到達。

這個是海產在我為生活階段的膠著或等待而焦慮的時候分享給我看的笑話，我記得我當時是這樣任性回應他的：「但我就是臺灣人我不是混血呀！我就是想快！我沒有拉美基因可以停下來享受當下！」，但後來我翻起當時旅行的照片回憶起那時的生活，好似焦慮就緩和了下來。我突然有信心沒有拉美基因也能調適好自己了，畢竟拉美也緊抓著我不想讓我忘記——回憶和附贈的枕邊人都一直潛移默化地形塑著我。現在步入三十，漸漸學習不是所有的事物都得往效率靠攏，有些時間堆疊出來的才美，比如我意外獲得也堅持好多年的這

最浪漫的愛情。

　　希望往後的日子過得張弛有度；有臺灣、有拉美，有愛。

　　此書，獻給此行遇到的種種善意、愛、相伴和每隻曾經對我遞出
的手。很感激。

貝里斯
Belize

亡命之徒

　　那年，我啓程了這輩子第一次長時間的國外 Long stay，目的地是貝里斯（Belize），臺灣少數的邦交國之一所以不用苛責自己沒聽過。沒有錢，就只能用時長換便宜機票，轉機三次。

　　第一站是成田機場，在機場的咖啡廳和逃亡的夥伴等待時間的流逝。咖啡廳有一面大窗，許多人選擇喝著咖啡或享用著餐點看飛機的起落，或許還想著自己也正如窗外的過客一般，等會兒該從哪個閘口上機、又該在世界的哪一頭降落？咖啡廳的吊燈閃耀，天花板是一片明鏡，相機捕捉了瞬間的人和物，然而旅人各有各的歸途和去處。

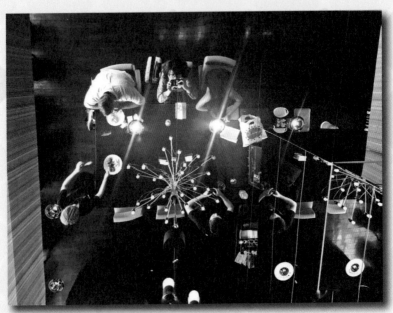

成田機場咖啡廳

　　二十四歲，國立碩士文憑前腳拿到，當大多數同學還沒完成口試和離校，我後腳就像是想和這二十四年的歲月斷絕關係一樣，馬不停蹄地轉身就跑。噢不對，是飛。

　　企圖讓人生再有……價值一點？

　　表面上我是說，我領了全臺只有三個名額的全額獎學金、還補貼每個月生活費的英語學習機會，其實更深層的我是在逃離汲汲營營的人生規畫、錙銖必較的亞洲風俗、一段讓我倍感壓力的感情和從懂事開始，被升學壓榨和怎麼比都比不完的同儕競爭。或許我想逃離的是一種……迷失感。想找一個無人熟識、青份的所在，沉澱一點。

　　或瘋狂一點。

　　日本東京時間傍晚，我們飛向美國波士頓。飛行時間十多個小時，我們像夸父追日一般，從夜色深暗的一頭追著那日頭，直到夕陽餘暉照入。到達波士頓是當地時間黃昏，我們追不著炙熱的日頭，只趕上了天光的尾巴。

　　在波士頓等待隔日凌晨飛往邁阿密，又是一個十多個鐘頭的等待。看著機場人員下班、商店漸漸拉上鐵門，人潮散去，我們狼狽地一人占據兩張椅子打盹。入夜後的機場特別寒冷，很是襯托生物醫學重鎮的理性孤傲，但對我們這些只帶著夏季衣物過境去熱帶國家的旅人來說，是場殘酷的考驗。我緊抓身上唯一的大衣顫抖著，疲憊的腦中浮起指導教授的話，想起這或許才是我該待的地方，不是更熱的南方。

波士頓機場

　　指導教授：「妳怎麼會要去那種地方呢？都是那邊的學生要到臺灣，而妳應該要去英美歐拿博士呀！」她惋惜我浪費人生的光陰。

　　我歉疚著聽進她的感嘆，她不知道我為了達到當時的狀態已經筋疲力盡，像深陷泥沼漸漸缺氧，沒有辦法呼應她的期望；她不懂我花光辛苦攢的研究津貼買時間以天計算的長程機票，其實不只是學英文，更是想了解別的國家的人，他們的人生究竟是怎麼樣？是不是和我一樣一直念書、一直比較、一直很害怕是否停止了升學但轉向的是工作的牢籠、金錢的奴隸……然後……然後……

人生就只剩這樣？

我一想到這是人生的盡頭，就恐慌地得重新調整呼吸，想拔腿就跑，去哪都好、越遠越好。

凌晨從波士頓搭到邁阿密，邁阿密機場人潮洶湧，說西語的人口多出了好一大半，差點以為終點到了。我對這個城市的印象，只浮現了海灘和 CSI 犯罪現場。九點多上了往貝里斯的班機，下機時貝里斯的入境口已累積許多前來度假的觀光客，寒意散去，我猶疑的心也沉靜了。

人龍和緩慢的入境程序成了對比，我吸口氣面對，因為機場的原始震撼地提醒自己這已是不同的世界了。

　　貝里斯是位於加勒比海的國家，美稱是加勒比海之心，上承墨西哥，右延加勒比海，下接壞瓜地馬拉。因為過去曾被英國殖民，這裡是中美洲唯一、拉丁美洲唯二講英語的國家，但一半人口的母語還是西班牙文。

　　簡外交官前來接機，我們三人頂著三十多小時的疲累也沒梳洗就見了大使，那個選中我們的男人。噢對了，臺灣大使館在貝里斯市臺灣街，就在海岸旁。那是我第一次在奇異的國度上頂著豔陽天，看見加勒比海；加勒比海上，藍天白雲時不時吹來涼爽的海風。視野所及沒有海盜，如果你問。

　　該國的國際機場在沿海的貝里斯市，有著怎麼拍都美麗的藍天白雲和蔚藍海洋，但這裡已不是首都；由於一九六一年颶風的關係，這裡的首都由貝里斯市（Belize city）移至內陸貝爾墨潘（Belmopan）。熱帶季風氣候，雖炎熱但貿易風的調節使得這裡的氣候還算怡人。我們在這裡晒著入射角度比臺灣大一點點的太陽光，開始了生活的新篇章；新篇章的第一頁就是災難，因為抵達的隔天，颶風就來了。

　　或許要警示我二十幾年平淡的人生將有大轉折一樣，颶風尾隨我們的到來，侵襲了幸運躲避幾十年的貝里斯。不過暴風雨過後萬物才能重新萌芽，我的人生也是。

　　這塊土地對我心靈的衝擊每一次都原始而暴力，卻又因為接受了很多好意而無以抱怨，反而更心存感恩。在中美的這一年，其實我是

去找回過往我在臺灣沒有構築好的人生基礎，找回那些迷失在追逐成功道路上的生命的基本，然後我才又學會了愛。

貝里斯國際機場

幾年後的現在，更肯定的是對當時的決定無愧。或許我的本業是學經歷給的，但能說出口的人生故事、臉書和 IG 的粉絲、曾經在皇冠雜誌連載專欄的機會和這本書，卻是因拉美而起。當我寫下這段旅程的開場時，才發現整個故事是以逃亡開始，卻以新生而結尾。整個拉丁美洲或許是禁錮了我和人生過去的牢籠、監禁了那些發達、方便和我曾經理所當然地以為，卻用最原始的野性解放了我的靈魂。

拉丁美洲很危險！毒梟騙子很多！很落後很亂！男人都花心多情不工作！女人也愛惹七捻三啊！

　　這些曾阻止我前往的勸退不斷響起，曾經我也這麼以為，但逃離這些緊箍咒才發現，課本給的知識太片面，我們從沒好好了解就留下了印象。才發現國際觀很多時候是強國或是媒體的渲染給予的，角度太單一。其實起點應是關心，而當你關心不同世界的不同人，才會有各種不同的切入觀點，世界才會立體。

　　我們從不知道生命會帶你走向哪，就像我說不清怎麼會發現這個獎學金，又如願申請上一樣。關於亡命之旅，我只是擁抱他。

　　和分享。

貝里斯外海，加勒比海

異國故人

日子的起頭，是豔陽、風雨、斷水斷電，和恐懼。

第一晚的暴風雨，從午夜後開始在屋外以拔山倒樹之姿翻騰。十幾年來沒登陸貝里斯的颶風，在我們來到中美洲的當晚尾隨而至。轉機三次飛行逾時兩天，疲累沒有讓我酣然，陌生和恐懼警醒著我，我聽著屋外的風雨和樹的咆哮，內心小劇場著幾個小時後屋頂將被吹翻，而我將被雨水冷醒。

睡得斷斷續續，終於屋外的動靜停擺，天亮了，電也停了，第一晚終究是過了。是好心的僑民收留了我們，在一處安然的叢林裡，他們築起了圍籬成家，我們睡在他們離家的兒女的房間受庇護。

其實，這夜早就預告了我的中美行，不管所遇所見或所臨，終會被善意包圍而安然無恙。我們在叢林的屋裡點起媒油燈和蠟燭備餐，在南洋風味的後院享受午餐和午茶。話題不盡，而話題又回歸貝里斯的臺灣僑民。

到底為什麼大家想離開臺灣來到這裡？我們問。其實我們也是在問自己同樣的問題，臺灣如此便捷，颶風襲擊也有鋼骨強硬的建築能擋，還有溫暖的家人朋友相伴，我們何必？

他們，何必？

　　方叔是被貝里斯的單純吸引，他和淑姨的家在沒有柏油的叢林裡。他們自己養雞、種菜和培育果樹，過最原始的生活。叔叔獨鍾自然，還著有一本當地的雨林生態觀察，是他教我們認識搬動碎葉的剪葉蟻和無毒性的無螫蜂，也是他抓起出沒家裡的蠍子，再野放叢林。

　　這是一類不典型的僑民。典型的其一，始於 1995。

　　「你們相信預言嗎？」叔叔的事業搭檔千姨問。

　　原來那個預言關於 1995 年的臺灣，一貫道的教友相傳末世將將臨臺灣，因此聽從了建議移民貝里斯。同時，基督教也有類似的傳言，說中共將血洗臺灣，許多教友聲稱看見了異象，而在人民的惶恐和以訛傳訛的發酵下，帶來了移民浪潮。

　　若要追朔，還能追朔到前一年發行的《一九九五閏八月：中共武力犯臺世紀大預言》，這本書記載了中共將如何利用軍事武力攻占臺灣的猜臆和理論。或許書、一貫道和基督教三者將流言、異象與宗教相輔相成，許多臺灣人為尋一個安身立命之地，便變賣所有在臺灣的家產，飄揚過海到友邦貝里斯決心從頭開始。

　　現在回頭看，當然覺得這是什麼引人恐慌的陰謀論，但當時卻真真切切有著臺海危機。若翻閱過往的歷史，就可以發現解放軍發射的導彈、美國總統柯林頓派來的兩艘航空母艦、臺灣股市的暴跌、李登輝前總統欲穩定民心的演說，甚至兩岸諜報戰諜對諜互相揭漏的事

件。直至現在真相是什麼因牽涉太多機密仍爭論不休。

預言可以不準，人不可以不想辦法生存。臺海危機放大了人們的恐懼，當時的貝里斯湧入了一批人，卻又漸漸散去。不若現在，當時只是荒土的友邦才剛獨立十初年，匆忙至此的臺灣人若是沒有一技之長，比如蓋房的木工、修繕水電的技能或懂開墾農耕，大概是難以生存下去。隨著攻占臺灣的預言打破，時間和自然就會淘汰不適者，許多人悄無聲息的又回臺，回到最熟悉的環境。現在的僑民少了，僅剩彼此大多相熟的六、七百人，口音和文化畢竟仍牽起這不可抹滅的緣分。

「啊！你吃素？那你肯定就是 95 的啦！」他們是這樣相認的。

後來在方叔一行人的協助下，我們終於獨立出來住，租屋處附近的僑民寬叔一家，就是茹素的一貫道家庭。寬叔晚婚，揹著妻子育有兩個非常害羞的小男孩，上貝里斯小學、額外補習中文。我們剛搬到租屋處沒水沒電的那週，總是早睡早起善用日光，夜晚仰賴月光和蠟燭，再厚臉皮每天到叔叔家洗澡「順便」借用一個小時的網路，日後寬叔仍不時的關心我們，對我們甚是照顧。

至於蔣家和 J 家也是一類典型僑民，從商。那年在一起探索貝里斯的鐘乳石洞後，我們和清大學生一起受邀到蔣家吃飯聊天，蔣家招待清大來的學生志工已是每年的慣例。J 則是年紀和我們相仿的僑民之子，相熟後常開著車載我們到處玩、請我們吃飯，第一次吃到貝里斯龍蝦和懷念的臺式火鍋就是在他們家的圓桌上。

　　僑民來到這的原因各不相同，當然逃債、跑路或是想斷絕過去的也是大有人在，不同的人、背景、和生存方式都無法類比，他們只是在不是臺灣的國度上展開了另一頁人生，然後在那個國度上又遇上一樣黃皮膚、說著共同語言、一起飄盪的人們。

颱風後清掃狼藉的庭院

　　回到颱風剛過的那一天，傍晚我們幫忙打掃風災後狼藉的庭院，千姨的庭院有釋迦樹。她說那是思鄉的僑民想盡辦法「引進」的，那是早期還沒改良過籽大肉薄的品種，早就比不上現在臺灣的牛奶釋

迦，個頭大、肉厚，又甜又香。但我可以想像那是當時他們的心靈寄託，想盡辦法偷渡來後，或許天天灌溉看著釋迦樹茁壯結果，收穫的那天除了欣喜也感傷，酸甜的滋味入口就引來那段離鄉背井的故事。

千姨家的原生種釋迦樹

異國故人，領著貝國身分證的他們到底是哪國人？他們帶著臺灣文化來到異國綻放，首都的傳統市場有攤婆婆賣的臺灣雞蛋糕和油豆腐大家都說那是 Taiwan cake，有商販甚至推出亞洲蔬菜的配送，想吃市場買不到的油菜、空心菜、菠菜等等也有解。而像我們這些毫無關係的學生過客，也是因為有著他們在這，才找到親切的歸屬感和得到被照顧的幸運。

20

　　九五的預言破滅，臺灣沒有被血洗、貝里斯也不是上帝揀選的新世界，反倒成爲了血淋淋誤信流言的案例。我倒是想著若沒當時人心惶惶的情勢帶來這批臺灣人，如今的貝里斯仍會對我這麼友善嗎？

　　世界大同，貝里斯的異國故人，還是吃著臺菜、說著國語的親切臺灣人。

大使館舉辦的國慶 Party

Creole，黑奴之語

　　隨著逃亡到中美的日子漸漸展開，文化衝擊也隨之而來，而其中一項就是語言。初聽見貝里斯英文真是讓我深深的自我懷疑，我英文有這麼差？到底是在說什麼！？那是一種比饒舌更有韻律和節奏的英文。這整個加勒比海域都通的方言叫做 Creole（音讀：kri 噢），是混語之意，不同國家會因語系不同而有不同的混語結果，比如法語creole 或是西語 creole。而貝里斯是英語 Creole，外人對它下的定義是 broken English，破碎的英文。

　　這語言是乘載了悲痛的歷史和融合了非洲文化而生。以整個十七世紀的帝國主義和黑奴歷史為背景，歐洲國家大航海時代的崛起，開啟了中南美的殖民政策，他們將非洲的黑人販運至殖民地成為奴隸。以曾被英國殖民的貝里斯為例，黑人耳濡目染下習得的英文缺少文法和文字規範，有時候還會參雜土語的詞彙來表答，就這樣積非成是的一代傳一代，漸漸成為整個加勒比沿海通用的方言。

　　實際來幾個例子，water 在 creole 是「waata（音讀：瓦打）」，嗯，李小龍念的其實是 creole 吧。而像常見的問候語「How are you doing today?」，在 creole 是這麼說的：「How u di do todeh?」

　　英文是很講求旋律的一種語言，音的高低起伏都是口語道地的關鍵，其實因為口音關係華人也常將英文句子切分成一段一段的講，口語相傳的 creole 也是。比較之下不難發現，方言由英文流暢的聲調轉

成一節節重音組合而成，而整個加勒比海音樂也像語言的韻律一樣充滿著節奏，融合了非洲舞蹈的元素再敲上一隻響亮的非洲鼓，具有民族特色的樂曲就這樣而生。不只如此，Creole 跟上雷鬼音樂的潮流後更發揚光大，如今 Creole 歌也自成一體系並打出一片市場，訴說著那些求愛的熱情和奔放（如果想聽聽看不妨搜尋 Busy Signal 的歌，MV 還能看到加勒比海域的生活背景相當經典）。

貝里斯人的休閒就是，放上幾首節奏輕快的加勒比海音樂，三五好友一起在庭院吃烤焦的肉（對，他們覺得烤肉就是要焦黑才好吃），一邊喝著椰子味的朗姆酒或黑啤，寒暄或隨著節奏跳屁股很吃重的舞蹈。這舞蹈叫做「Punta（音讀：ㄅㄨㄣ˙打）」，在非洲文化的一支民族加利福納族（Garifuna）的語言裡，又叫做屁股舞，是隨著節奏晃動屁股的舞蹈。若再原始一點，女性要邊隨著節奏晃動屁股朝男性的下體靠去，我覺得稱爲求偶舞也不爲過。

在西班牙侵略各國之際，許多的混血人種也由此產生，大致可分爲白種人移民至美洲的後代克里奧爾人（criollo）、白種人和當地印第安人的後代麥士蒂索人（mestizo）、還有白人和黑人的後代穆拉托人（Mulatto）以及混有美洲原住民和黑人血統的美洲人桑博人（Zambo），其中加利福納族（Garifuna）就是桑博人中最具代表的文化。當初這可是階級權位的劃分，如今已漸漸淡化。

加利福納族 Garifuna 大多是逃跑的黑奴和中美地區住民的通婚和結合，最終沒有被西化反而保留了許多特有的飲食和習俗，現在已有

文化遺產的美稱。貝里斯還會舉辦 Garifuna 小姐的選美比賽，黝黑的肌膚和豐滿的翹臀自是美麗的要點。每一種文化和審美都值得品味，基因讓他們天生保有了又挺又圓潤的翹臀，這是亞洲人扁平又易下垂的屁股所望塵莫及的；野原新之助倒是繼承了他們的品味。

CRIOLLO克里奧爾人
白人移民至美洲後裔

MESTIZO麥士蒂索人
白人和美洲原住民混血

MULATTO穆拉托人
白人和黑人混血

ZAMBO桑博人
美洲原住民和黑人混血

　　遊學當下的我，輔見這些不同其實還來不及消化和反思，而是在多看了幾個國家後才意識到文化異同的可貴。記得離開貝里斯後的兩年，我和當時的男友現在的老公海產到祕魯旅遊，前往馬丘比丘的火車上美國旅人問起了我們倆怎麼認識的，總之談到了貝里斯。

　　旅人：「貝里斯是說英語對嗎？」

　　我們：「對，官方語言是英語，但大多還是說 creole。」

　　海產見他們面有難色好心補充說：「大家稱它為 broken English，破碎的英語。」還是要翻成破爛的英語？

於駐貝里斯墨西哥領事館，garifuna 文化表演

　　雖然這種形容早聽過很多遍，當下卻一陣刺耳，我沉不住氣：「我不覺得可以用破碎的英文當作概括，他們的文化還是直得被尊重的。」

　　搞得氣氛有點僵。然後大家趕快重啓另一個話題覆蓋這份尷尬。

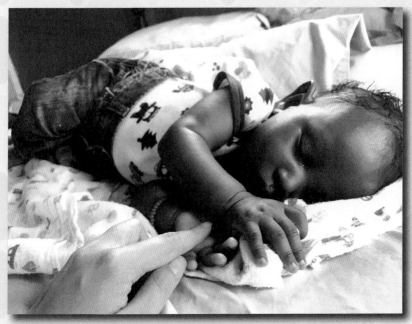

朋友的小孩，膚色或種族從來就不是阻擋愛的理由

　　我沒來得及說出口的是，經過多年的傳承，方言即便像是累積了許多錯誤的英語，但語言的演化也是有意義的，長久下來他們也自承了一個體系，有一些基本的規律。比如在 creole 中，done 常被拿來表示完成式，英文「Have you paid?」你付錢了嗎？會變成「You done paid?」，而你吃早餐了嗎？「Have you eaten breakfast?」在 creole 的表達方式是「You done eat breakfast?」

其實反倒更顯而易學，許多華僑也都是學當地的 creole 而不是正宗英文，除了簡單外更能打入貝里斯市場；但還是有差別，我們像是永遠學不來那鏗鏘有力又一氣呵成的道地，像是種族的屏障一樣，難學的是在於那渾然天成的韻律。

語言若能夠縮時，大概就像變化萬千的雲一樣，被每秒都靜不下來的歷史的風和人文的溼氣給塑形，像去年多了「母湯」，今年新增了「4ni」。或許我們可以說 creole 源自於英語，但直接說破碎（破爛）的英語就像是在抹滅這幾十年的文化底蘊一樣。

整個語系的脈絡交融都跟戰爭和歷史有關，攤開語系的大表，西方的語言最根本都是印歐語系，其中和拉丁文最像的分支出了屬於羅馬語系的西班牙文、義大利文和法文等，之後隨著羅馬帝國的衰亡，日耳曼族侵略不列顛，奠定了了以古英語為首的日耳曼語系。即便劃分為不同語系，日耳曼語早就在這些廝殺的年歲裡和羅馬語系交融，好多字都是相像的。然後，英國殖民了美洲和大洋洲，隨著時間的發酵又孵化出了美語、英語 creole、澳式和紐式英語。

世人已經不恥戰爭，不認同以暴力攻占哪個國家就是偉大，反而厲聲譴責；但語言這種由侵略為首而發揚光大的驕傲卻仍抹滅不了。這種態度就好像，英國人覺得美國人的美語不正統？或用繁體中文才值得驕傲？語言是文化的一部分，可以維護傳統但真的不用劃分和自我膨脹，即便全球社會在提倡尊重包容，仍無法隔絕對開發中國家的異樣眼光，或許那份驕傲就在潛意識裡，而我們得更用力去覺察才能

同理和欣賞不一樣。

　　綜觀語系的演變，嘆其多樣性，這些人文帶來的轉變豐富了每種語言的內涵，而在加勒比海的黑奴之語 creole，就像在貝里斯南部的 Garifuna 一族一樣，道別汗水和血水交融的過去，如今揮灑著特色的節奏，在豔陽下有著黑亮的光芒。

Garifuna 傳統食物，左上角：木薯布丁和木薯片，下：hudut，主原料為綠大蕉泥和椰奶燉炸魚。木薯是他們的主食，因為這種根莖類有毒性，傳統作法需要人工磨碎瓢洗和曝曬成粉最終才能食用，非常的搞工。我覺得都很好吃，木薯布丁很像糕粿的口感，特別想念 hudut，是其他地方吃不到的味道。

貝里斯門諾派的致富奇蹟

即便收入所得低，貝國的物價卻高昂，一個路邊的便當就要價一百多塊，堪比臺北（2016年的臺北）。我的獎學金除了全額供讀外，也給付每月的生活費三百塊美金，不到一萬的臺幣，扣除房租五千塊，剩下的錢得省吃儉用才能度完一個月。

窮學生自然是有許多省錢方法，水果有兩種可以買，香蕉大約一根一點五塊臺幣，橘子一顆兩塊臺幣，這是吃到飽水果餐方案。早餐或懶得煮的晚餐最常吃香蕉燕麥，再澆上一匙奶粉和蜂蜜，大概十五塊臺幣就是一碗滿滿的幸福。

外食花費高昂，自煮卻便宜許多！最喜歡每週兩天傳統市場開張的日子，一大早拖著行李箱去採購，步行三十分鐘後首站就是好好吃上一頓！選擇有一盤三捲包著雞絲的小 tacos、薩爾瓦多麵餅 pupusa（音讀：補哺撒）、panades（音讀：把那得死）或溫熱爆漿的小肉派 meat pie，通通十五到二十塊臺幣不等。我通常會豪砸五十塊臺幣點上一盤 tacos、一份起司內餡的 pupusa 和一杯天然果汁享用撐到上完課後的三點。很偶爾，沒課的中午，才會來吃一盤貝里斯國民美食紅豆飯（rice and beans），飯和大豆一起煮常見於中美，主菜是燉雞或烤肉，配上一點高麗菜絲沙拉，一百六十塊臺幣。

市場的菜很便宜，只要不是進口生菜或菇類的都不貴，卻都只有那幾樣：青南瓜、馬鈴薯、紅蘿蔔、番茄、小黃瓜、厚厚的菠菜和花

椰菜。菜類千萬不能在超市買,華人常趁傳統市場開張時大量購入,再抬高價格於超市賣出。但肉品類就不一樣了,得等超市特價時再一次買齊,這是因為最大的肉品供應商來自門諾教派,他們是為了固守傳統文化和信仰而不斷從歐洲遷徙至美國、墨西哥到貝里斯;蟻居在曠野山林之中,馴養牲畜、種植果樹而成為了貝里斯最有錢的一群人。他們早已壟斷市場,肉品價格早已公定化,想要搶便宜就等打折吧!

薩爾瓦多麵餅手掌大的 pupusa 和貝里斯手指大的三卷 tacos,各一塊貝幣

　　對我來說門諾派是十分稀奇的一群人,說起源頭,會說他們是從德國或荷蘭來的,說著即將消失的古老語言:低地德語(Low German),著十六世紀歐式農村的服裝,男性著吊帶褲裝配頂紳士草帽,女性著連身長裙配上白帽,經過時總能聞到他們身上濃厚的汗

水味；遠看宛如時代電影中的一景，或讓我想到米勒的畫。作為基督新教分支的一群，以聖經為單一信仰，但更講求勤儉無慾和遵守戒律。其中更為激進的是遵守舊制的阿米什（Amish）一派，他們堅持不用電：沒有網路、電話、電燈、洗衣機或車子而靠馬車代步。減少自身慾望，不需要的東西就可以不要，唯有心靈平靜才是所求。

門諾派可說是農業的專家，從創派初期因受到傳統教會的迫害而移居，也因為堅守反戰的信仰而遷徙，到後來甚至因為傑出的農業技術而被擁有廣大土地的俄羅斯邀請前去開墾。然而文化和戰爭讓生命總有曲折，從十六世紀以來四散的結果，如今全球超過兩百萬的門諾教徒已四散開花，從德國到俄國，再到北美不斷蔓延至南美，世代在變，唯有他們停留在最初的世紀。但也因為存在封閉的父權社會，仍有些隱藏的家暴弊端。

在貝里斯一部分的門諾徒因為農事上的需要，接納了新的卡車和機器，在仰賴專精的農業技術下又結合了科技，很快地變打造出了屬於自身的商業帝國，快速地壟斷了整個國家的肉品和酪乳市場，成為了貝里斯富甲一方的巨頭。但他們還是距離我們的「現代」差了一大截。貝里斯的德國村 Spanish lookout 就是指新一代門諾徒的據點，廣闊無邊如歐洲莊園般的油綠原野。偶有放牧的牛隻和工廠，加上門諾徒古著打扮駕著馬車從旁而過，果真是電影場景啊！總有下個路口下馬車的會是達西先生和伊莉莎白的錯覺（抱歉傲慢與偏見是在英國錯頻了）。

美景看夠，逛餓了就造訪當地的大超市，有美味的鮮奶冰淇淋、

熱狗炸物和比薩等熱食，是貝國難得的商業規模。即便是壟斷市場，物價卻不哄抬，超市一隻全雞兩百臺幣不到，鮮奶冰淇淋一支也約三十五臺幣，和貝國的物價相比之下是相當划算。因為信守教義，門諾徒也非常注重反戰、慈善，甚至提出反奴隸制度，從以前到現在都有許多貢獻，在臺灣，花蓮的門諾醫院就是其一。

寫到這裡，覺得內容好像「錢進人民幣」這個節目，專說些如何致富的故事，引得各位觀眾更嚮往資本主義向錢看齊；但我倒是深深看見了人類和慾望間的拉鋸。慾望和需要到底怎麼評斷？舊制的阿米什人仍自給自足，新一派的看見了農事上的需要而接納新科技，而成為更有影響力的一方，彼此看見的不同也有了全然不一樣的生活。

在貝國的一年，是我目前人生最困苦的一年，也是最健康的一年。回臺後我享受著招手就有車坐和肚子餓就晃進任一間飯館的便

利,很快地就胖了十幾公斤。突然想念起當時餐餐吃著香蕉燕麥的日子,意識到原來擁有,不見得是最快樂;但在沒有體會過「沒有」的日子以前,我也沒發現日子其實可以這樣過。可能便利與生俱來,就侷限了我們的想像。

後來在臺灣,我學起貝國人的續用精神,逛起了二手店,買了別人不要的但我需要的收納盒、穿起了別人不再需要但我需要的衣服、捐出那些別人需要更甚於我需要的錢,減少物慾,也減少不需要造成的垃圾,才懂這不僅僅只是生活,是連通整個世界的思維。

門諾徒體會不到滑手機上網的快感、當不成網美分享美照;但是沒有電線桿的世界,多得是蔚藍到不必P圖的廣闊天空。

市場的二手書攤販,開學季前各個家長帶著小孩拿著書單來買二手書。就連大學的書店販賣的也是二手書,是我在臺灣至少高中前沒看過的場景。

貧窮線下的真實——Eneida 之死

2017 年 3 月 30 日，Eneida 的葬禮荒涼又悲戚的在公墓舉行。

貧窮線下

遇見 Eneida 的第一次，是後來成為我 Home 媽的 Shawn 有次開車時問我：「Mavis，你有看過這裡的貧民嗎？」

然後她的方向盤一轉，就駛進了學校後方的小道，離我每天上學的路只差一個街角。然後風景漸漸轉換，我看見了連鐵皮屋都不是的屋子，木屋鬆鬆的搭建著，水泥道路應聲消失只剩黃土漫漫，像宣告文明終結一樣，來到了化外之地。

車子經過了一條簡陋的木橋，底下是條有垃圾和綠苔的小溪。Shawn 開口：「那是他們喝的水。」貝國的自來水是硬水，即便煮沸也不能喝。他們不只買不起桶裝的飲用水，連自來水也沒有。

Shawn 行駛到的這一區叫做馬雅墨潘 (Maya Mopan)，除了多數的馬雅後裔，也有許多搬遷至此的難民。貝里斯的移民政策寬鬆，政府收留了他們，卻沒能力更好的安置。他們以一種難以理解的生存方式和秩序活在這裡，打零工賺錢，買最便宜的食物、喝免錢的河水，或依靠不怎麼樣的男人，嘗試著一餐沒一餐的度日。什麼骯髒悲劇的事情發生了，也不會有人在意，日子是一天一天的過。

移民局裡每天總是人滿為患，來自各國的移民們常得在這排隊等上一兩天換取各種許可證以圖更好的生活。女士懷中是強褓中正在哺乳的嬰兒。

車子停在一間破屋前，立即有位小女孩光著腳跑出來，她的姊姊也出來迎接 Shawn，看著他們溫暖的擁抱寒暄，Eneida 才緊接著出來。

姐妹是 Emia 和 Dulce，Emia 拿著獎學金升學，餐費由一位女士幫忙贊助，但她會餓著肚子把午餐錢留給還是嬰兒的弟弟 Charlie 看病。Dulce 是甜的意思，我們告訴她，她的中文名字就叫做小甜甜。我們一起去教堂做主日崇拜，她緊緊捏著剛領到的炸麵球小點心不肯吃，說要回去分給家人，我慚愧地看著自己早已打開的包裝，趕緊分她一些。她笑容甜得看不出生活的苦，他們只是得很認真的活。

他們的媽媽 Eneida，當時是位三十二歲纖細的婦人，年輕時輾轉

從宏都拉斯流亡至此，面龐瘦削，牙齒發黃脫落，她已經生了十三個孩子，大至成年小到襁褓中的嬰兒。或許因為如此，太多生活上的刻痕在她的面龐下烙印，我看不出她竟是如此年輕。

也或許那已經是病容，讓她憔悴。

從美國來貝國服事的牧師夫婦 Joe 和 Shawn 一直設法幫助這戶人家，Emia 本來想結束升學開始工作好幫助家裡，Shawn 為了她找到了升學資金的管道，說服了這位難得的優等生繼續升學。我也開始將省下來的餐費投注到他們的服事上，反正我不需要太多令我發胖的食物，但他們需要維持生命的食物。

但最終，這家人仍成為了我生命中的缺憾。

被上帝遺棄

後來有一晚，我放學回家撞見了無助哭泣的 Emia 和 Dulce。原來 Eneida 住院了，Shawn 和 Joe 分別在醫院和處理事情先讓兩姐妹待在家。Eneida 早就有長期腹痛和下體出血的問題，除了覺得只是小毛病，也因為擔心花費遲遲沒有就醫。

首都貝爾莫潘有家公立醫院，是各國贊助成立，來自世界各地的醫師免費看病，卻沒有設備。診斷需要各種報告，醫師像關主一樣開了單，之後得到各個民營機構完成檢查，一間有抽血檢驗設備、另一間有超音波，再另一間有 CT，Shawn 於是就載著她奔波像大地遊戲

一樣做各式檢查，湊齊這些沒有健保，費用高昂且品質參差不齊的種種關卡。

報告一個一個出來，最後回到公立醫院診斷。Shawn 指著報告上的醫學名詞 migration 問我是什麼意思，病理學生硬難懂，但這個字是所有癌症都頻繁出現的字。

「轉移，報告說癌症已經轉移了。」

惡性卵巢癌，報告說是末期。

公立醫院沒有設備替 Eneida 手術，Shawn 決定另尋高明，聽說一間診所的醫生比較厲害，花了兩千塊帶著所有報告請醫生判斷，他說這還只是癌症的初期，他沒有看見過分的腫瘤。我們鬆了一口氣，以為上帝的祝福生效，自我安慰著公立醫院的免費還是不太可信。

但是 Eneida 開始嚴重的出血，需要大量的輸血。

我用手機拍了 CT 的片子傳回臺灣給認識的醫學系學長請他再次確認，他說即便他還只是住院醫師，都看得出來這已經轉移到淋巴，已經是最末期的狀態了。我們再次帶著只能包成人尿布盛血的 Eneida 回到公立醫院。

但是生存到底有多不容易，Eneida 的血型竟是 RH 陰性。我在課堂上詢問同學的血型、Shawn 和 Joe 循著人和教會找，卻一點消息也

沒有。最後好不容易問到了 Eneida 遠在瓜地馬拉的親戚，他說他願意「賣血」。價格是我這個在臺灣捐過十幾次血的人不敢收的價格。我安慰自己在捐血中心沒有成立前，臺灣也是這樣的，而我只是被臺灣的富裕和好心給寵壞了。

我著急的問醫學系學長 Eneida 是否還有機會，學長以他曾在布吉納法索擔任替代役的見識告訴我，在臺灣，當然會建議動手術，但若是在設備不足，甚至連血液都沒有常備的狀況下，他認為最好的建議就是在家臨終。公立醫院的醫師也下了這個判斷，Eneida 被送回了家。最好的臨終，就是遵循生死。

Eneida 由大女兒 Ina 照顧，我們時不時的會帶生活用品和營養品過去，那邊沒有安素，買最多的是我在臺灣沒看過的 8X 超級蔬果汁。Shawn 得到 Eneida 的首肯開始安排孩子們的去處，Emia 和 Dulce 被安置在一位教會阿姨家，弟弟 Charlie 也被一對無法生育的夫妻收養，下一次再見到他，再也不是光溜溜地沾上泥巴，他已經添上新裝，頭髮乾淨整潔，變得圓潤許多。

貧窮讓人心也貧瘠

Shawn 上了新聞。

在進棚的旋律結束後，主播嚴肅地說著：「貝里斯 5（Belize 5）獨家新聞，貝爾莫潘有位失去孩子的父親指控一位美國婦女 Shawn Marie，帶走他的小孩使得家庭破碎。這位婦女一開始是藉由照顧他

生病的太太為由而親近，現在卻撒手不顧反倒帶走他的小孩……」

　　下一秒，Eneida 不負責任又在外頭有女人的老公 Michi 出現在鏡頭上，一臉質疑這個國家的公義：「美國人已經什麼都有，現在還要來搶走我的孩子們，難道我們就要讓他們欺負嗎？」他又氣憤的說，「我賺得是不多，但我還是能給我的孩子們他們需要的，他們憑什麼帶走我的小孩？美國已經欺壓我們那麼多年，現在竟然連孩子都要來搶，是不是瞧不起貝里斯人！」

　　Michi 是個聲稱月薪有四萬塊臺幣卻鮮少給家用的酒鬼，他不是所有孩子的爸。Eneida 養育了十三個孩子，Michi 的有三個，Dulce 和小男孩，另一個早夭了。孩子們對他有種莫名的恐懼，我們不曉得他是否對女孩們做過什麼事，但可以確定的是他成功在電視上挑起種族情緒，莫名的電話湧入，使得 Shawn 只能關機。

　　那是一段煎熬的低潮，我不解為何公立電視臺不確認事實就將 home 媽的名字完整的播報出來，不經查證就讓她成了罪人，我們又憤怒又悲傷，開始質疑真理。直到有人投書電視臺，讓貝里斯 5 撤下了新聞，也有社工前來了解孩子們的安置狀況，在輿論一面倒差點就要把孩子的撫養權判給 Michi 時成功扭轉，孩子們照舊被好好的安置在新家。

　　我結束了那學期的期末考後到墨國旅遊，最後和我的西文小老師到瓜地馬拉相會，暫住在她瓜地馬拉的姑姑家。知道我們在瓜地馬拉的 Shawn 捎來了 Eneida 的消息。他說 Michi 和 Ina 現在正帶著

Eneida 在瓜地馬拉的醫院尋求更好的治療，現在急需要一筆龐大的醫藥費，但是 Shawn 他們不放心把巨額交給 Michi，詢問我們是否能到醫院確認並直接繳錢。

　　小老師和姑姑到醫院確認，卻怎麼也找不到 Eneida 和 Michi 的蹤影。再致電給 Michi，他只說醫生說要先付錢 Eneida 才能入院，要跟我們約一個地方拿錢。我們當然不可能被這種把戲給欺騙，姑姑可是移民幾十年的臺灣華僑什麼光怪陸離的事件看得可多了，電話一確認就知道 Enida 根本沒有就診紀錄，一切都是編織出來的謊言。

　　事情未結束，隔天西文小老師接到和 Michi 用同一支號碼打來的電話，那頭的人和 Ina 有相同的聲音，劈頭就說：「我是瑪莉雅醫師，我媽媽的病情十分危急，我們可以約在醫院見面，您再把錢給我……」

　　我們聽得是莫名其妙，後來才想通 Ina 是要假裝成醫師和我們要錢，卻裝得破綻百出說出 Eneida 就是她媽媽的事實……。Shawn 最後決定透過瓜地馬拉協助安置 Michi 一家的教會來處理，希望讓 Eneida 能夠真正接受治療。

　　但 Eneida 經過診斷後還是被送回了貝里斯，就如同醫學系學長一言成箴，繞了一大圈後還是在家臨終。我沒想到她在生命的尾聲還得被至親之人當作賺錢的工具，奔波折騰。最後一次見到她，是她和孩子們團圓的日子，這一次每個人包括 Michi 和 Ina 也在，Eneida 已經病到蒼白瘦弱見骨，已說不上幾句話。久不見母親的 Emia 和

Dulce 充滿錯愕，不敢相信自己的母親竟然已是這副模樣。

幾天後 Eneida 就與世長辭，結束了生命尾端如此荒唐的鬧劇。

荒誕嗎？這，只不過是整個拉丁美洲上億貧民中其中一人，她生命的三十三分之一。

Home 媽 Shawn 和兒子 Joel，攝於 LifeNet 主日崇拜活動。

犯罪之城：貝里斯市

往貝里斯市（Belize City）的公車上有雞；不是雞肉，是活生生會咯～勾勾勾勾勾叫的雞。這是我對公車系統最大的印象衝擊之一，偶爾會碰到人們帶著零散的幾隻活雞上車。行駛在貝里斯 (Belize) 唯一的高速公路，就像是在非洲草原奔馳的越野車，一路坑窪不斷，還有減速用隆起的小丘。如果司機說下次停車是因為前方有長頸鹿或水牛群要過，我都不會覺得違和。

公車像老舊電影中會出現的校車，上車後車掌會和你收錢，沒有空調，敞開的窗戶隨著行駛速度會吹來原野的自然風和黃土。有時猛得暴雨一來，水珠飛濺而入，窗邊的人擋著風雨開始關窗，這時我會慶幸自己旁邊坐的是位肥胖的女士——長椅上我只占了三分之一的座位，雨水都給她擋住了。這國度女人要胖才能符合主流審美，而他們大多胖得很美，我只有在熱烈的日頭下得跟她們貼著肉坐著時會有點狹怨。

僅臺灣三分之二大的這裡，一條高速公路和公車系統可以貫穿全國。說是高速公路，其實就是一條快速道路，更正，沒有號誌燈號的快速道路。全國由北至南劃分幾個重點城市，重點城市間有直達車和區間車，筆直又直觀的公車系統讓你想迷路也難。我們就用這條道路玩遍整個貝國。

降落的第一天不算外，第一次真正光臨貝里斯市，就會被他每間

店外都有鐵窗給震懾，即便只是小小的外帶快餐店和雜貨店，購物都得指定在鐵窗外交易。別以為這是在嚇唬誰，就在我結束旅程回臺後的兩年，全國僅有一家的日式料理店遭搶，店主的第二個兒子身亡。那是我在剛領到生活津貼時很難得才能光臨解解饞的愛店。

　　舊首都貝里斯市和其他城市都不一樣，或許因爲唯一的國際機場在這裡，到外島度假的快艇公司也在這裡，即便風災後首都改遷至內陸的貝爾墨潘市，這裡的發展仍比較蓬勃。臨海的這裡，可以感受到他流動的空氣和鮮活的氛圍，因爲觀光客的蒞臨，有難得高於四層樓林立的飯店、全國唯一的室內電影院，和活絡經濟的賭場，但也因爲人口多且旅客出入繁雜，這樣的紊亂感不像其他小城彼此認識彼此的熟悉感，更容易窩藏惡意和衝撞出幫派槍殺案。

　　約百分之九十的國內犯罪都發生在這個城市——貝里斯市。

　　美國對毒品的需求量之高，寫出了整個拉美毒梟史詩般的扉頁；從大航海時代發現迷幻植物開始，原始藥用的價值漸漸被扭曲精煉成細白的粉末，這點粉末背後的龐大利潤使得拉美各個毒梟崛起成爲我們看拉美的既定印象，舉凡殺伐中稱雄的從一開始最初期的哥倫比亞大毒梟保羅 Pablo Escoba 邊當慈善家和政治人物邊將毒品事業做大，到三度逃獄成功還可以在監獄裡過皇帝般生活的墨西哥大毒梟矮子古茲曼 El Chapo Guzman，毒梟集團已成跨國企業。《毒家企業》一書中即披露，僅拉美一國的政府使用除草劑殲滅古柯樹，斷不了已經已經開始跨國角力或互助合作的毒品產業。

　　在這樣的背景下，貝里斯身爲美墨的臨國，是運毒北上的必經之地；因爲貝國的國防部並沒有戰鬥機攔截，且邊界容易跨越，比起瓜地馬拉，這漏洞成爲了從南美運毒至墨西哥的一大捷徑。有時新聞會報導在緊臨墨國的城市發現遭棄的小飛機，毒梟早帶著毒品人去樓空，往更北的路徑前進。遭棄的飛機比起未來轉手的毒品價格根本不

算什麼，算是一筆利潤相當好的投資，反倒利益了貝國政府，他們往往回收毒梟的小飛機再使用（真是大開眼界但是是真的）。

　　如果你打開地圖，會察覺貝國是南美運毒至北美的樞紐，利用空運當捷徑，再利用邊境的地理優勢就能順利運至墨國。貝墨邊境是一條蜿蜒的河，最常見的新聞就是在拉烏尼翁鎮（La union）走私墨國便宜的酒水和菸草，相比貝國政府收的龐大關稅，只要給船夫一貝幣（約十六臺幣）就有機會賺取更多暴利，是許多人爭相走險的原因。如果酒水菸草都如此氾濫，更談毒品？這是身處四面環海的臺灣人無法理解也難以想像的邊境效應。而當毒梟的勢力籠罩、黑槍流入和更為猖狂的走私加上政府的無能或敗壞，這個國家就只會有更多的槍響和流血傷亡。

　　後來我在貝里斯市住了一陣子，早晨走向麵包店的路上，就能聞到猖狂的大麻味由街角的某間屋子竄出、在公車站等公車會有看起來正迷亂的陌生人紅著眼跟你要東西吃（吸食大麻後易眼紅感到飢餓），我是在這個國家才理解原來大麻味是如此的特殊易分辨，和實際田野調查到吸食大麻後的人類會有何反應——僅靠觀察路人；且即便是走在大街上，都必須小心被搶的任何風險。

　　貝里斯市最危險的地方是該市的南部，大多是失業的人和藥頭。該國失業率之高連麥當勞、肯德基和星巴克都不願進駐，平價的速食快餐店、飲料店和雜貨店多是由華人們一手撐起，最熱賣的品項就是炒麵、炸雞炒飯和珍珠奶茶，華人普遍給人就是有錢的印象，也因此容易成為下手的目標。即便裝了鐵窗和監視器、即便錄下的影像在網

路散播，犯罪都不曾停止。

早晨的貝里斯，轉個街角就有可能飄來大麻味

　　貝里斯市的槍案頻傳，有次公車到站，發現警車正在外頭鳴笛，車掌在我們下車前刻意警告我們小心點：「似乎是兩家幫派在外頭有爭執，互相開槍，但沒有傷亡啦！」他說得倒是輕鬆。

　　大家魚貫離開，只有我戰戰兢兢的下車，感受著在臺灣不曾有的恐懼，快速的攔了輛有掛牌的計程車離開那危險的區域。那晚我一整夜都難以入眠，想著莫名的流彈穿過租屋處不是水泥建材的牆面，旋轉速度絲毫不減，像電影一樣定格的打中我，然後隔天貝里斯 5 新聞播著留學生死去的頭條……而後臺灣新聞接力播（？）。

　　隔天到學校上課，會話課的老師也住在貝里斯市通勤上下班，我跟他說我昨天下公車時遇到的槍擊案，聽完她只是冷淡的回：「我以爲你習慣了呢。」

　　我驚詫，昨晚我造訪的可不是貝里斯市危險的南區，只是公車站呀！

飯店賭場和加勒比海

　　來到這個國家以前，對危險當然是有警覺的，但是眞正生活在這個離家一萬四千公里的國度，對危險又全然是另一個定義；然而，我的定義如此粗淺，更並非是當地人對危險的看法。在臺灣長大的我，從沒意識到生命會是如此柔韌強大，類比我一點挫折就潰敗逃亡到這塊土地，而這裡的人是在抵抗可能一出門就遭搶遭殺害的意外。拉美

的這些人哪，就像是一片荒土上飄搖的朵朵小花，在有力的綻放。

刹那間我像是領悟了，「除了死，其他都是擦傷」這句話。像救贖一樣提醒著不放過自己而過得很努力很辛苦的我——活著本身就很耀眼，差那一分也遮蓋不住你的光芒。

安全下崗回臺的後記：避開危險地區的拉美，其實沒有那麼可怕。

一起玩吧──V 和他的中美朋友們

　　V 是在貝國已待了幾年的臺客，認識了許多當地人活得很道地，常帶著我們亂混。

　　小島的自然景觀很多，第一次玩 zip-line 和鐘乳石洞下漂流就是在這裡。V 的朋友 Rudy 是位導遊，從瓜地馬拉來，給了我們點優惠。zip-line 就是繩索滑行，全身套上裝備戴上手套隨著纜線由山谷的一頭盪到另一頭，有時底下的風景是蓊鬱的山林，有時是滔滔的大河，視野的刺激和速度激盪著。

　　貝國有數一數二的鐘乳石洞，玩法不一般。石洞裡水量豐沛，戴上頭燈在黑暗的洞裡探索，有時得游過一小段，再攀爬一小段，撈起各色顏色的小石互相磨出顏料，學馬雅人在臉上畫痕。吃重的橋段還得隨著洞內瀑布跳水而下，而後在暗黑的洞裡享用導遊背進洞裡的午餐。在黑暗裡聽水潺潺，一口接一口的吃完，岩溶洞千百年的積累裡，有那麼幾滴是我們的陪伴。

　　鐘乳石洞不同的路線或季節能有不一樣的玩法，雨季時能享受輕鬆的漂流，坐在泳圈上欣賞頭頂尖聳的荊棘林。Rudy 搞笑的比喻著各種形狀的溶岩，說著洞裡的傳奇故事，我們是他尊貴的客人，但身為朋友，也知道他每個月都為贍養費愁苦。沒有圍欄的石洞裡，我們任由水渠領路，洞內萬年的冰涼，只有我們笑鬧的回音帶來點生氣；然回音最終會隨著水渠往下游而去，在出洞之時蒸發於日光下。若整

趟漂流似人生，至少還有玩在一起時的恣意。

在鐘乳石洞裡午餐

　　V 還有個漁夫朋友叫做 Jose，也是從瓜地馬拉來。有次我們出油錢直接乘 Jose 的快船，一幫人只帶了酒水和一點玉米片就出海到一個隱密的小島，他跳下海替我們抓來了響螺和生魚，沒有火，響螺肉用檸檬醃熟配上番茄和洋蔥丁，大海的苦鹹當調味做成響螺沙拉 ceviche，配上玉米片就是一餐。我內心膠著的背誦寄生蟲的學名，飢餓卻不容我做思考，求生的本能讓我嚥了下去。

　　那天下午突然來了場暴風雨，回不去的我們在毫無遮蔽物的島上淋了一身溼，Jose 以他海上男兒之姿冷靜的判斷說這雨說不定得到明天才停。冷到發顫又頂著溼髮看著黑雲和暴雨的我，萬念俱灰的想著自己會不會就失溫死在這島上，有種荒島求生的悲壯感。幸好晚上雨

勢減緩我們才能趁機返航。或許,在這種荒島上野蠻的生存遊戲,才更是解除文明壓力下求死的解藥之一?

小島上的生魚和生響螺餐

　　和我們的玩樂比起來,V 有項休閒娛樂非常「特別」,第一次進妓女院就是 V 帶的路,直接說他是常客也無妨。那是由一對韓國夫妻開的陳舊的酒吧,穿過酒吧入內是一間間簡陋的矮房,房內簡陋衣物雜亂,有一張花色沒有仔細搭配過連被子看起來都髒髒的床。房暫時的主人是位來自宏都拉斯的豐餘少婦,沒有豔麗的妝容和服飾,脂粉未施只著了簡單的低領素 T 和褲子。看起來和 V 相熟。

　　貝里斯容納了各國的人,有從瓜國來有一技之長生活較為穩定的 Jose 和 Rudy,也有來自中南美各國的難民;難民,大多是由宏都拉斯、薩爾瓦多人組成,這些國家的背景有些相似,都受殖民剝削又在獨立

當中受強國動搖，比如在二十世紀由「美國聯合水果公司」引進香蕉至拉美，在好不容易從西班牙掙脫的這些國家，資本為了利益在此建立殘暴的軍權制度干預內政和徹底壟斷香蕉產業的利潤。因過度被剝削和仰賴強國，自獨立以來，這些「香蕉共和國」頻繁發生政變不下兩百次，為了有安穩的生活，他們被迫遷徙。

離這裡三十分鐘車程的地方，甚至有一處他們的集結之地，貝里斯和平谷（Valley of Peace）。在 1982 年，因為薩爾瓦多內戰，由聯合國出資供給建材和發放四個月的食物將難民安置在這裡，一個相對安全無戰爭的地方。同時，其他中美難民也陸陸續續來到這尋求庇護，每三戶難民配上一戶貝里斯家庭，以這種比例維持和平谷的和諧，再加上中小學的開辦，促使難民融入貝國文化。

難民大多從事農耕，如今的和平谷持續產出蔬果，也有了國高中，居民漸漸融入社會，有些人移入也有些人移出。貝國的地名常以潘結尾，新的種族也帶來的地域上的改變，來自薩爾瓦多（República de El Salvador）的居民後來移出自成一區，有了新的地名薩爾瓦潘（Salvapan）。

如今和平谷的政策早已結束，卻仍有許多飽受生活煎熬的人漂泊掙錢。以當地性工作者來說，幾乎都是非法的偷渡客，用每次性交易一千兩百塊臺幣，過夜三千二的價格換取報酬。其中得交給店主韓國夫婦四分之一的金額，店主得把關好娼妓們的素質、供住宿，還得付錢給警方打通關係才不會被盤查。

美國

大西洋

墨西哥灣

古巴

墨西哥

貝里斯

宏都拉斯

加勒比海

瓜地馬拉

尼加拉瓜

薩爾瓦多

哥斯大黎加

巴拿馬

太平洋

哥倫比亞

　　Maria 每週有一天排休，V 常趁空載著她出去玩，久而久之就相熟。後來我才知道，原來她們在家鄉都是有孩子的，賺的錢留不了多少都得用手續費高昂的系統速匯回去，那是唯一的管道。Rebèca 脫離了這個循環，再婚後擺攤賣小吃，卻陷入了一段有毒的感情關係，現任丈夫家暴但她卻不願離開。我們猜想她需要的不是會打罵喝酒的丈夫，而是一紙婚約附加給她的合法居留。

　　在臺灣，曾經我看著破獲淫窟的新聞批判那些賣身的越籍妹子，但看見真實的樣子，我卻無法批判，就是無法。我想起小島上抵不過飢餓而吃完的生饗螺餐，猜想歷史的毒根已深入國際骨髓，而人生用更惡毒的方式逼人類做出了選擇。

某天 V 的烤肉派對邀請了薩爾瓦多移民

　　等 V 完事的時間裡，我躺在外頭的大馬路上仰望星空，覺得世界好大我的生活圈好小，以前的想法多可笑。從前太容易以自己周遭的狀態類比他人，輕易的把喜誤認成善惡，我原想罵 V 為何選擇當皮條客，但我沒有經歷他的過去，怎麼知道自己若是他會是怎樣？甚至我或許也達不到 V 的善良。

　　在小島的日子，我曾經憤世嫉俗的痛罵這個病態的社會，但出走後，世界讓我噤聲。

　　V 叼著菸不在乎的說：「都是帶著傷的人們，那就，一起玩吧。」

墨西哥
Mexico

我的 Zapotec 男孩

　　和海產的相識，不是巧合。我們班同學過半是墨西哥人，海產當時在墨西哥大使館工作當 IT，所以認識了許多我的同學，起源是他的臺灣朋友 V（正是前面寫過的 V）很想認識我們，所以海產從中牽線，邀了我們的墨國同學和三個臺灣學生一起到夜店玩。

　　那是我第一次到「聲色場所」，但即便我這個沒去過夜店的乖乖牌看到這夜店的模樣都詫異萬分。幾根大柱子頂起的茅草屋頂、八〇年代迪斯可的燈光、幾張圓桌和舞池，還有老舊的卡拉 OK 設施，有人正唱著浪漫西文老歌……

　　哈囉！DJ 呢？！電子音樂呢？！

　　幸好拉美人愛跳舞的個性帶動全場，我的墨西哥同學們拉著我們圍起圈圈跳著有趣不入時的舞。記得有一首歌的歌詞是在製作美乃滋，大家紛紛抓著隱形的杵臼扭臀繞圈，不是親密的舞步，我們更像在玩耍，用歡笑撐起一首首的歌。

　　他鍾情於我是我們第三次見面。海產的房東太太 Jenny 是好客的臺灣人，V 家的農場也是跟房東租的地，總之，Jenny 透過海產和 V 邀請我們聚餐幫 V 過生日。然後因為我執意在餐後幫忙洗了碗，海產確定他喜歡上了我。

「什麼？！」我不敢置信於這原因。

「噢！不是啦！是你這樣讓我想到我過世的奶奶。」他連忙回，絲毫沒意識到自己越描越黑。

我翻了大白眼，確認自己尚未衰老的樣子，然後放慢聲調再問：「我，讓你想到你過世的奶奶？」

對危險的敏感度果然是在有女友後會急速提升的技能，他趕緊解釋：「因為我奶奶是個很願意幫助別人的人，我覺得這很重要，所以在你決定要幫忙洗碗的時候，我覺得我從你身上看到了她的精神。」

「……你錯了，我一點都不以幫忙洗碗為樂。」

「但即使你不情願，你覺得有做的必要還是會做。那就是你。」海產像看透了我一般確信的說。

最後我是消化了一陣資訊才回過神來：媽呀！所以我是因為有中華傳統美德而被墨西哥人看上！

後話：在一起後我再也沒洗過碗。想找個洗碗的，想得美喔！

海產不愧是在大使館工作，也可能跟Ｖ當朋友當久了，對臺海情勢很理解，把妹時更知道要站在哪邊，即便跟墨西哥建交的不是臺灣。對比於我其他的異國同學對臺灣一點兒底也沒有，和海產聊天還是順心許多。他和這片土地的緣分因此而起，是先結交了華人朋友，看見我們的純樸和價值觀，直至我們遠距離戀愛後他來臺灣，幾乎是瞬間就喜歡上了這塊土地：安全便利又溫暖熱情。

海產的家鄉是墨西哥南部的小村莊，位於瓦哈卡州（Oaxaca），墨西哥含可可的經典咖哩醬 Mole（音讀：摸蕾）即是產於此州；

這南國之地緯度和臺灣差不多，但文化豐富度卻是相當驚人，根據墨國政府統計該州含超過十五種族群，但語言分支就超過 170 種。瓦哈卡州多數人都是原住民，而海產家位於的村莊特萬特佩克市（Tehuantepec）大多數都是薩波特克文明（Zapotec）的後裔，是瓦哈卡數一數二大的族群，這支文明雖不比馬雅和阿茲特克著名，起源悠久可不晚於馬雅文化且都受鼻祖 Olmec 奧爾梅克文明所影響。

中美更古老的文明統治者偏愛綠寶石、紫水晶、綠松石或其他寶石，直到後來有了轉變，在《白銀刀劍與石頭》一書中指出阿茲特克的亡國統治者蒙特蘇馬特愛以黃金作為脣塞或耳塞裝飾自己；當時墨西哥的黃金產量有限，大多是從瓦哈卡的河川篩獲，直到西班牙進駐開啟了更大的礦產業；而後又都運回母國。墨西哥人的先祖認為黃金是太陽分泌的而白銀是月亮所釋出，有種日華和月華的美感；而阿茲

特克的語言 Náhuatl 裡，說黃金是神明的排遺。嗯，天神的屎又美又香。

薩波特克民族以擅長冶金工藝聞名，以海產家鄉特萬特佩克市來說就盛產華麗燦爛的金子手作品；他們的傳統服飾是手縫的鮮豔花卉晚禮服，一套上萬到幾十萬臺幣都有，搭上金飾是每位特萬特婦女（Tehuanas）在節日必穿的經典標配。頭戴花卉手配七圈手環象徵一週七天，這身裝扮配上墨西哥的音樂舞起來優雅雍容，不似國標舞的曲線和肢體張力，他們更像是在展現一身的斑斕有致。

Zapotec 是母系社會，一如海產的家庭裡母親和外婆是整個家庭的樑柱，男性的薪水都是交給女性打理。本以為是這點讓海產和普遍墨西哥男性給的印象不一樣，更為尊重和專一，但應該是各別家庭給的價值觀所致。從小跟在外婆旁的海產，看著她做麵包販售且總是無私分給餓肚子的北上非法移民，聽著要助人為善的教誨，言行身教帶給了他很深遠的影響。

中華文化底蘊千年，拉美文化也是。儒莊思想使得我們對「好」和「不好」或「成功與否」有深刻的劃分，我們的歷史歌頌崇高純潔的聖賢偉人；所以一時之間受道統世代影響的華人會看不懂他們的「混沌」美、所以會聽說墨西哥的懶散、落後和混亂，卻看不見繽紛的各式文化、沒體會到平民百姓的熱情友善，也看不見他們生命中的難處、堅毅和不知是真的樂還是苦中作樂──衝突矛盾的美。

被父母和升學體制保護得很好的我也不是在那個當下就懂，但是

當海產說著一個又一個荒誕的故事，那都是真實的拉美人生，我才緩慢消化和細細思量，不是所有人都如我這般幸運，有些命運的泥沼即便不是自找的一旦深陷賠的就是整個人生。故事裡充滿著市井小民的人性和命運，又複雜交錯、又鮮明刻骨，每一個劇情轉折都有如電影小說，無解是亂世的因果還是太放縱的愛恨情仇貪嗔痴；也一如他們對比強烈明度彩度都高的色彩美學：情感要極致、而人生總是要大鳴大放。

著傳統服飾盛裝的孩童們

　　總之，我們能結緣，得說是他先有理解中華美德的慧眼和心胸，當然也因為我在他身上能看見這些和我相似的價值，而後我的Zapotec男孩才有機會告訴我不一樣的故事、帶我看見不一樣的世界。世界很大，其實是心要夠大才裝得下。

　　海產閱完此篇批註：別忘了跟讀者說我還有看過《孫子兵法》，反而是你沒有喔！（炫耀貌）

特萬特佩克市的服裝美學和金飾

馬雅的美食天下

若說到拉丁美洲的食物，大家能舉出幾樣？

「噢！我知道墨西哥玉米餅，就是那個像餅乾的外殼盛上炒碎肉和莎莎醬的塔可（Taco）呀！」或許你會說。

沒去過中美以前我就和各位一樣，但去過後才體現到我們對拉美的陌生，就連其中最火紅的墨西哥食物，大概都是透過美國傳來的：美式的硬底玉米餅、美式的調味料和生菜。我連在臺灣到墨西哥餐廳回味一下，拿著西文菜單念著玉米餅的西文（Taco，其實是唸：搭狗，不是他口），店員都聽不懂，改成美式發音才能點到想吃的菜。

美式的墨菜稱為 Tex-Mex，得名於德州式（Texan）和墨西哥式（Mexican）的的縮寫，這是因為德州是從墨西哥獨立出來的，而後墨菜在此地漸漸改良變成現今常見的炸過的硬底玉米餅或麵粉餅皮，炒絞肉的調味料會加上孜然。而後「美化」的墨式菜餚流行於美國又藉著強國的宣傳橫掃全球，包含臺灣。事實上，廣泛在墨國吃到的 Taco 是軟的玉米皮，切成丁的燉肉或沙威瑪烤肉（受黎巴嫩薰陶）搭配洋蔥香菜碎，廚師會帥氣的在烤臺上方一揮刀削過一片鳳梨放在餅上，最後食客憑喜好擠上檸檬汁和淋上紅綠辣醬。

話說從頭，墨西哥是沾了 Taco 的光，但 Taco 其實也不是源於墨西哥，中南美各國皆食用玉米餅，吃法或許略有不同，但其實一本同

源，這都源自於，神祕古老、文字尚未完全破譯的——馬雅文化。

馬雅部落約始於西元 2500 年前，在西元前 600 年達到鼎盛，城邦主要遍布中美洲，包含墨西哥南部、貝里斯、瓜地馬拉、宏都拉斯、薩爾瓦多等地區。即便後來西班牙人焚書坑儒似地摧毀古抄本和燒死識字負責文化傳承的馬雅祭司，導致文字和文明失傳，飲食卻像入了根，蔓延至今。

雖說印加帝國的玉米品種有幾千種，但最早食用玉米的是馬雅人。他們將玉米磨成玉米粉 Masa，和水成泥做成餅，或包在玉米葉中蒸熟就是拉美特有的玉米粽 Tamal（音讀：打罵了），後來因香蕉傳入，現在也會用香蕉葉包裹；而內餡因地區而有所不同，包豆泥、燉雞肉或海鮮的各有其風味，我甚至在祕魯吃過甜的口味，配方應該不同，因為口感像狀元糕，玉米味的鬆糕。

而玉米餅皮 Tortilla（音讀：抖了地呀），即是玉米粉和水成團，跩成小髻子再壓扁烤炙，就是塔可的餅皮。有回到墨西哥同學家食物交換，親身體驗了如何製作這一張張的餅皮，和麵粉團不一樣的是玉米粉團沒什麼筋性和張力，所以不是「桿」成餅皮而是拿一本厚書均勻的「壓」成圓形餅皮，壓好的餅皮上爐烤炙，若粉水比例得宜，壓得又均勻，整張餅外層受熱定型後內裡的水氣一蒸發，就導致麵皮均勻的膨脹，但一出爐又扁塌。拉美地方媽媽們一定人手一個壓餅神器，攤上塑膠膜防沾，玉米團一壓成型即可上鐵盤烘烤，主食不同也導致美洲的現成瓦斯爐臺旁常附有一塊鐵板供烤餅。工業革命後想當然爾部分手工玉米皮已被取代，工廠的機器會先將玉米團壓成一張大

麵片，再用模型切割成入口的圓片由軌道送進烤爐，熟了之後再排排站地運出來包裝上市。但實話還是現做的餅好吃，出爐得用布包著保溫和保溼才能柔軟充滿玉米香；吃不完就冷凍，想吃時再噴些水微波轉個幾圈。

Tamal 玉米粽這是用玉米葉包裹的版本

　　餅皮吃法有許多種。海產家鄉 Oaxaca（音讀：瓦哈卡）地區最愛填入當地富有盛名的 Oaxaca 起司，和莫札瑞拉起司同源，刮成絲的起司包入後一口咬下，鹹味和嚼勁會剎那蹦開。除了包入墨國中部常見的沙威瑪烤肉丁，南部較常填入燉肉、燉雞甚至是豬大腸或炸豬皮 Chicharron 等等。美式作法則是將烤好的餅皮拿去炸至定型做成 Tex-Mex 的硬底 Tacos，若切成小塊油炸就是多力多滋餅乾 Nachos ！配著啤酒沾著海鮮酸沙拉或起司醬，變化甚多。

　　作爲主角或 Taco 餡料，來自馬雅的燉肉至今仍是街頭小吃店的標語，若在店外掛上「Pibil」，Tacos 就會在該店銷量絕佳！ Pibil 就是掩埋的意思，馬雅燉肉就像是叫化雞或控土窯一樣，用酸橘汁（檸檬是東南亞的外來種，後來引入美洲的）和馬雅版番紅花──胭脂樹果 Achiote 醃好豬肉後，包上葉子和燒紅的木炭一起埋入土裡，煙燻的碳香和自然形成的壓力讓燉肉柔嫩有汁，胭脂樹果會爲燉肉帶來可口紅亮的色澤和特殊的香氣，是經典烤肉絕不能缺少的調料！長時間的慢煮讓出土的肉塊用叉子就能輕鬆分成絲，餅皮包入燉肉絲，再搭上配料，有幸吃過幾回眞是令人難忘。但現在壓力鍋的盛行，遵循古法長時間燉肉的店家已經不多。

經典沙威瑪烤肉 Tacos 和酪梨醬及紅綠辣醬

瓜地馬拉的婦女正在製作 Tortilla 準備出餐

　　莎莎醬（Salsa）也是源於馬雅，莎莎醬的原版是香辣的紅綠辣醬，可能加入少許番茄和豆泥一起和辣椒研磨已難以考究。看過一篇報導，馬雅人稱莎莎醬是狗鼻醬，因為辣是鼻腔清潔劑，辣到讓人痛哭流涕如狗鼻一般溼潤，卻又是致命吸引。美洲乃是辣椒生產地，其知名的辣椒各個具有特色：墨西哥知名辣椒 Jalapeño（音讀：哈拉揹

扭）醃漬後酸辣帶勁，綠色切成圈在披薩上也常看到、同一種辣椒熟成煙燻後就成為紅色的 Chipotle（音讀：奇波的勒）美式連鎖餐廳甚至以此為名、世界最辣美稱的燈籠椒 Habanero（音讀：哈巴ㄋㄟ摟）其風味獨特難尋，還有祕魯特產的 Aji（音讀：阿 he），就連肯德基都要特別出 Aji 辣醬配炸雞祕魯人才買單。辣椒讓人又痛又愛，在明朝晚期進入中國後，也漸漸的蔚為流行，甚至演化出湖南、貴州和麻味的川辣。

Tortilla 切成小塊後油炸搭海鮮沙拉是絕配

　　馬雅人食用可可和酪梨已不是新聞，沒想到 Taco 也是吧！分析了餅皮、內餡和調味料，或許當時的玉米粉顆粒粗糙、玉米餅皮無法壓得均勻完美也沒有方便烙餅的鐵盤；也或許馬雅人的燉肉是隨機捕

獲的獵物、莎莎醬的元素也沒有現在的豐富，但是已經保留了美味的重點，時代不斷進步的當下，我們仍照舊食用他們發明的組合。

馬雅文化已成過去，飲食卻歷久不衰，像西班牙在攻下他們最後一道城池和燒毀最後一本古籍之時，馬雅的怨念和詛咒就註定要漫天風雨般席捲全球，要讓全世界成為他們美食的俘虜。距離當時馬雅人的浩劫已過了好幾百年，飲食文化從最初的西班牙傳入歐洲，從墨西哥傳入美國到傳入亞洲，如今馬雅人已經用另一種方式攻占天下，比爭奪或侵略更有效且悄無聲息：當你吃著巧克力、番茄、酪梨、辣椒或玉米甚至 Tacos 的同時，即便吃法再新穎，古老的文化正籠罩著你，從沒有離開。

馬雅——失落的城邦們

　　馬雅文明大約始於西元前 2000 年，這階段的馬雅稱爲前古典期，而後在西元 100-900 年間古典期發展至顛峰。隨著科技的進步，科學家運用光達系統掃描中美洲的叢林，更發現馬雅城邦之多、規模之大，而其中就包括最宏偉的馬雅城市蒂卡爾（Tikal）和帕連克（Palenque）。接著城邦興衰，馬雅文明漸走下坡，在九世紀出現了古典期衰落，許多馬雅人拋棄了原有的城邦留下未解之謎，也傳出許多外星人抓走馬雅人的猜臆。但馬雅人一直都沒有消失，所以也才有了之後的後古典期，約在西元 900-1500 年，中心漸漸北轉到墨西哥的尤加敦半島（Yucatán），而有了新世界奇觀之一的奇琴伊察（Chichén Itzá）。

　　馬雅文明之特殊處在於，從來沒有出現一個一統天下的朝代，而馬雅也是後人給這群有類似信仰、文化和使用同樣文字的族群的統稱。即便是在高峰期，也是幾座大城邦各據一方，好比一直處於軍閥割據彼此友好敵對、你消我長的狀態，而也或許如此，城邦內的獨特各自傳承。

　　於中美期間，我一共拜訪了五座馬雅城邦：貝里斯的旭南圖尼奇（Xunantunich），墨西哥的奇琴伊察（Chichén Itzá）、帕連克（Palenque）、土倫（Tulum）和瓜地馬拉的蒂卡爾（Tikal），雖都是馬雅古蹟卻發現每個都各自獨特、無法互相比擬。我不是馬雅文明的專家，就以旅人之格和我對這些遺跡的比喻摘要下這些驚奇。

旭南圖尼奇（Xunantunich）——婉約的石頭女魂

旭南圖尼奇（Xunantunich）在馬雅文裡是意味著石頭女人，這本來是個鬼故事，但後來造就了古遺跡的出土——原來相傳不少人看見穿白衣馬雅服飾的女子在夜間出沒，最後步上石階消失在馬雅金字塔即當時未出土的土堆裡，可能一開始是以為會有屍體出土？但沒想到一挖挖出了輝煌的過去。

文明離不開水源，拜訪這個遺跡是得搭渡船渡河的，渡船上能容納一輛巴士和一些散客，到岸後步行上山或開車光臨都行。一入園就能見三座馬雅金字塔將廣場區隔，其中最高聳的一座就是皇室聖殿（El Castillo）也就是瑪雅女鬼消失之處，40 公尺約十層樓高，正面有人為的馬雅文字復刻，爬到頂端，還能看見和貝里斯和瓜地馬拉的國界。

「現在我們在古代的皇宮裡耶！見到本宮還不快跪下！」同行的朋友翹起蘭花指頤指氣使。但她錯頻了，這臺詞分明是宮鬥劇。

即使是這幾座馬雅遺跡中規模小型的，因為第一次造訪所以很是興奮。一千多年以前，馬雅人就以這聖殿為中心四散在周圍，恭敬地景仰住在聖殿裡頭的人。貝里斯國內多是平房，這高聳的金字塔其實是國內第二高的建築，但竟是建在西元 800 年前！我們正在當時統治者的舞臺，感受君臨天下的意氣風發。

　　園內還有球場和更多的小型遺跡，很大一部分的遺跡還未正式出土，許多長滿草的土丘下，都是一座座的古遺跡。此處授權給美國大學進行考古研究，某部分的區域被封鎖線圍繞，偶遇大學生團隊拿著考古器具細心揭開埋藏的祕密，挖出王者才能擁有的黑曜石刀和玉製品。

　　旭南圖尼奇不大，但因為是第一個造訪的遺跡印象很深刻，整個園區在制高點就能一覽無遺，相比大型廣袤的遺跡，這裡有種小家碧玉之感，溫婉地處在藍天綠地間。

蒂卡爾（Tikal）——猖狂的叢林霸主

　　若旭南圖尼奇（Xunantunich）是籃球場，那今日瓜地馬拉北方佩藤省（Peten）的蒂卡爾（Tikal）就是大上好幾倍的足球場，是目前發現最大的馬雅城邦！一整天都走不完，甚至可以租高爾夫球車遊覽整個園區，可真謂古典期的巔峰之作！而且目前已開發的才僅占部分，還有許多覆蓋在土丘和植披下的遺跡尚未被清理出來。

　　園內有大規模的皇宮供貴族們居住，仔細考察可以看出些生活的端倪，國王和王后死後才入金字塔墓，其餘皇室成員也有集中埋葬的陵墓區。因為當時在馬雅古典期蒂卡爾是最強盛的城邦，所以也留下大量寶貴的歷史文物，即便幾乎所有文字典籍都被西班牙殖民者銷毀，考古學家至少還能透過出土的碑文大大了解馬雅的天文、數理、曆法及戰爭過程。石碑也詳細列出歷代君王和其年代所遭遇的內憂外患等，讓我們更能一探古文明的聯盟和敵對。

　　網路紅人馬雅大使在研究過文獻後都會寫文章還原當初的細節，有趣的是其中一段朝代更迭：墨西哥中部的遺址特奧蒂瓦坎Teotihuacán是沒有文字記載所以難以追朔歷史，原為古文明所建立後來十四世紀由阿茲特克人接手。但在蒂卡爾的碑文中揭露了西元三百多年時，一位來自特奧蒂瓦坎的將軍冒煙青蛙（Siyah K'ak）南進攻滅了瓜地馬拉蒂卡爾當時的統治者美洲虎之爪一世（Chak Tok Ich'aak I），並擁立一位來自特奧蒂瓦坎的王子卷鼻王（Yax Nuun Ahiin）繼位。馬雅的紀載也提供了我們對當時期古文明的認識，而後蒂卡爾由來自特奧蒂瓦坎的王族統治後，發展越來越興盛，逐漸成

為馬雅當時最大的城邦。

蒂卡爾（Tikal）──猖狂的叢林霸主

　　不過就在約九世紀時，這輝煌一時的叢林霸主也沒逃過衰落的命運，許多碑文和遺址就通通停止記載、也沒有生活的痕跡了，倒也不是大滅絕因為沒有骸骨出土，就像時光在這叢林戛然停止。主流的猜

測是因爲某種因素蒂卡爾的居民離家出走了，同時期的馬雅城邦也有類似的衰落，所以才有各種外星人的猜臆。但是馬雅人並沒有就此滅絕，後古典期的奇琴伊察便是最大的證明。

回到遺址本身，考古學家用數字來標示神廟，當中最高聳的是第四神廟，爲國王雅克金王 Yik'in Chan Kawil 的金字塔，70 公尺約二十樓的高度，整個金字塔陡峭無比，爬至頂端可俯瞰整個無盡頭的園區被叢林滿蓋，金字塔頂豎立於整片樹冠之上像一方巨頭傲視空間和時間。每個爬上塔頂氣喘吁吁的旅人往外一望，都不禁發出讚嘆，登高望遠其大無垠，彷彿自己凌駕於鬱鬱蒼蒼的綠色雲海之上。頂峰處，可以迢望到遠處置於樹海中的一號二號及三號神廟。

一號及二號神廟在主廣場的東西向，南北則有陵寢和神殿，而若在此廣場拍手，似是因爲聲波對金字塔階梯的散射（布拉格衍射光柵原理 Bragg diffraction grating），回音會是瓜地馬拉國鳥也是馬雅人的精神動物——鳳尾綠咬鵑 (quetzal) 的叫聲。若這也是人爲精算的結果，實是令人佩服得五體投地。

蒂卡爾的威震四方和野性猖狂不只於古代，因爲真的太廣闊了，遊客迷失在此甚至死亡後才被發現的也少有人在，千萬得注意園區標示別走太偏。

帕連克（Palenque）——文質彬彬的天文學家

同樣也身爲古典期的馬雅城邦，位於墨西哥南部的帕連克有項在

各個城邦都沒有的特殊建物，那是在宮殿中最爲突出的 15 公尺柱狀高樓觀星臺。馬雅人對天文的觀察再藉由數理上的考證使他們有精細的曆法，藉由觀察太陽的週期來制定太陽曆，而利用金星的週期來進行校正，使得他們能精準推算一年有 365 天。而在這個天文臺，每到冬至時能見到太陽由城邦內的碑銘神殿頂端落下。

園區內也是有許多高聳的陵墓聖殿或祭臺，其中最知名的金字塔陵墓的主人被稱作「紅女王」，因其出土時棺木和身體被發現塗成紅色，而現在石棺仍供遊客參觀。遺址內碑文也保存完整，有趣的是經考古證實和當時和瓜地馬拉的蒂卡爾城邦（Tikal）是敵對關係。除此之外，這裡也因碑銘神殿內帶著玉面具和珠寶出土的帕卡爾國王（即紅女王的丈夫）紅極一時，因爲他棺木上的雕刻圖被網紅解釋成國王乘坐飛行船的理論在網路上瘋傳打響了此地的名號。

但比起神廟，此園區內的宮殿更吸引我，皇宮中雖風化嚴重無法見得全貌，但仍有許多生活軌跡和小徑隔出來的空間充滿了生活細節，除了有廁所外，其中一間竟是蒸氣浴室桑拿！也太先進了吧！

吊吊旅客的胃口導遊才鬆口，「帕連克的引水系統做得相當好，加壓將水引過皇宮底下，確保貴族們有足夠的水，而古時候要怎麼實現蒸氣浴室呢？其實是將石頭燒得火紅，冷水一流過便能製造蒸氣，還能加藥草呢！」導遊指著地板的兩個洞說是蒸汽出口，我想像著連接底端水氣的圓孔汩汩冒出蒸氣來，而當時的帕卡爾國王滿面通紅地正逍遙享受著，是否馬雅貴族會像日劇的黑道大哥在烤箱裡比拚誰沉得住氣這就不得而知。

帕連克（Palenque）的觀星臺

　　碑銘神廟和宮殿的另一側，是十字神廟群，其中一座最高的十字神廟登頂後能十分清晰地看清整個城邦的地貌，也能觀察出神廟常常是兩兩相對而建的都市計畫概念。帕連克整體給我的感覺又不同了，工整對立的遺跡和方正的天文高塔，就像是個邏輯清晰的理工男。

　　額外一題離帕連克遺址不遠處有個風景名勝叫做藍水瀑布 Agua Azul，是一系列的瀑布和水池構成，雖然路途有些顛簸但我覺得是很值得一去的景點。土耳其藍的湖水和走上棧道瀑布水花飛濺而來的涼意，還有辛勤的原住民販賣著各種點心；天然壯闊的美景和為生活拚搏的努力，更是讓人深度體會墨西哥的美。若來到墨西哥南部的恰帕斯州 Chiapas 州，除了拜訪墨西哥三大馬雅遺跡之一的帕連克，務必再排上藍水瀑布的行程！

奇琴伊察（Chichén Itzá）──受外來文化韜養的馬雅健兒

　　進入後古典期的馬雅文明，代表作即是被列為新世界奇觀而聲名大噪的奇琴伊察（Chichén Itzá）。這時期的馬雅文明結合了墨西哥中部另一支古文明阿茲特克的信仰也開始信奉雨蛇神，馬雅語是庫庫坎（Kukulcán）或古古馬斯（Cucumatz），據說他既是金星神也是風神，特別會在春分下凡帶來雨水，而在秋分歸天讓雨季結束，分別代表了春耕和秋收；我覺得這意象和外表都好似我們的龍，飛越天際帶來入春第一聲響雷；但被海產鄭重更正他是蛇。

　　也因馬雅文明已經成熟，園區內方正的羽蛇神聖殿也向現代人證明馬雅天文數理的成就：除了拍手的回音也是鳳尾綠咬鵑 quetzal 的叫聲外，聖殿四面各有 91 階的樓梯，再加上金字塔頂端的祭臺，一共有 4x91+1 正好是 365 階；且考慮整個金字塔的角度，經過嚴密計算，每當春分和秋分這兩個節點，因為太陽直射角度和階梯所形成的陰影，隨著陰影的變動，竟會讓羽蛇神爬行起來！我試圖看影片了解

其中原理，呈現方式得用 3D 立體模型投射我才有辦法意會，對馬雅人的智商真是佩服得無比頭地！近年來科學家又利用新科技掃描了聖殿內部，發現內部還有一座金字塔！你們說，究竟還有多少未解的祕密呢？

奇琴伊查羽蛇神聖殿，春分和秋分這兩個節點，因為太陽直射角度和階梯所形成的陰影，隨著陰影的變動會讓羽蛇神爬行起來

　　另外和帕連克的方形高塔不同，這邊是橢圓形天文臺，非常大型壯觀堪比小型城堡，可以觀察春季晝夜平分點、月亮最大南北傾斜及其他天文現象的位置。另外園區內不可忽視的信仰中心還有獻祭的溶井 Cenote，猶加敦半島因為石灰岩地形的關係有許多天井，天井底充滿著地下水被馬雅人視為神聖的地方。圓滿的碧綠湖底據說滿是玉石陶瓷等祭品，當然還有特別獻給雨神恰克 Chaac 的活人祭，特別會在大旱時投下美麗的少女或少男。

　　獻祭也會透過球賽決定，值得一觀的是園區內有中美洲最大的馬雅球場，在內回音特別大聲，可以想像球賽開始時是有多麼熱烈！球賽過程主要是保持球不落地，兩側石牆可以讓球反彈，牆面高處 6 公尺懸著進球用的圓筐，有種哈利波特魁地奇的即視感，難以想像這要用光輪兩千才有辦法把快浮打進得分的高度，馬雅人究竟是如何進球的？但球賽的結局不是馬雅人得十分！你們知道嗎⋯⋯原來贏家得到的最高的榮譽──是自己剖出心臟獻祭太陽神⋯⋯。

奇琴伊查球場裡的牆壁鑲著六尺高的球框

　　位於古典後期的奇琴伊查，吸收了其他的文化又發展出高度的天文和運動文明，總讓人有海歸富二代，又會念書又會運動的陽光型校草的錯覺。

土倫（Tulum）──踩著沙灘的白裙少女

　　一樣在後古典期的尤加敦半島，土倫（Tulum）遺址據考古學家稱是最後一座馬雅遺跡。這個地方以前馬雅人稱之為「Zama」代表「日昇之城」，從這裡可以看到太陽從加勒比海上升起。老實說相比起來，可能因為馬雅已日漸衰落，即使內部的建築也是有許多神廟聖殿，但倒是沒有太突出的建物了，也可能因為臨海，已經風化得十分嚴重。

　　雖然如此，他仍是我最喜歡的馬雅遺跡沒有之一。土倫建在臨海邊，他的美是在穿過幾個石牆後看見碧海藍天時才真正顯現，海天一色，懸崖下的沙灘柔軟純淨、捲起的加勒比海浪花和白色雲朵相呼應，雖然已不見當時馬雅人的生活痕跡，只有巨大的鬣蜥偶爾會探出頭來晒晒千古不變的陽光，但懸崖峭壁上偶會發現馬雅雨神恰克Chaac 的雕刻使得神祕感不減。

　　也因為沿海，懸崖邊建有一座風神廟 (Templo del Viento)，聽說在建築物的頂端有設計了一個洞，當颶風來襲的時候會發出口哨般的警戒聲，馬雅人因此就知道要避難了。因地理位置整座城牆既能防禦也能貿易，也因外來文明影響建有羽蛇神廟，是馬雅人最後居住的遺跡。此處可迎見日出也有海灘，如今也是海龜產卵的保育地，是難得不掩埋於叢林裡馬雅城邦。她像極了在海邊的白裙少女，陽光灑下映照著她的美，而白色的浪花裙風一來時不停地搖曳。

一邊是海，一邊是懸崖上的土倫（Tulum）遺跡，依稀能見臨風而立的風神廟

　　馬雅後期或因戰亂、飢荒和西班牙人的占領而漸漸沒落，各城邦的信仰中心被遺棄，但馬雅人仍存活於世，且在中美洲都還可見他們血脈的傳承。因為馬雅文化漸受重視，且因馬雅文漸漸解盲，以貝里

82

斯來說，我所認識的馬雅小弟其學校甚至有在教部落馬雅文的拼寫，雖然複雜也不知其音，但他竟能為我翻出馬雅名字！每一種文化都有自己獨特的精神，當時被西方世界驅逐的馬雅人們，肯定沒想到百年後世界會吹起了這股談起馬雅無人不曉的馬雅熱潮吧！

歡迎光臨墨西哥——小心一入境就被騙

　　貝里斯沒有的麥當勞、漢堡王或肯德基，在從貝里斯市北上後的三小時就都有了，那是貝墨邊境的切圖瑪爾市 (Chetumal)。是的，我在中美的流浪記終於在聖誕假期光臨了墨西哥！

　　墨西哥可說是提起拉丁美洲文化不可或缺的大國，但鮮少臺灣人能說出他正確的地理位置。當你提起墨西哥，十之八九的臺灣人會回答你：「噢！川普造長城的那個？」、「不是在中南美嘛！？」但若你攤開地圖，會發現他其實就是在北美洲的尾巴：上到下是加拿大、美國和墨西哥，而我們說的中美洲是個橋段，連著北美洲和南美洲。

　　然而，會以為墨西哥在中南美這樣地理知識上的謬誤，是因為除了地理課綱，還有媒體和政治的介入。若仔細一點看地圖，應該可以發現，中美這個地域是屬於北美洲的範疇，簡而易該：只有北美洲和南美洲，所謂的中美不過是政治地理。也因為如此，想統稱這包含墨西哥的西語國度，可以稱它為拉丁美洲。

　　墨國的國土若要我形容，我說它像隻大鯨魚，翹起的尾鰭圍繞出墨西哥灣，整個尾鰭就是因馬雅文明曾昌盛的猶加敦半島（Península de Yucatán），尾鰭下方開始連結中美。我們就是於尾鰭的側翼往上玩起，行政劃分為金塔納羅奧州（Quintana roo），由貝墨邊界切圖馬爾市（Chetumal）向北玩到坎昆（Cancún）再轉機至墨西哥市（Ciudad de México）最後再回到梅里達（Mérida）。

國土像鯨魚的墨西哥

　　切圖馬爾市（Chetumal）除了是位於貝墨邊界重要的城市外，也是金塔納羅奧州（Quintana roo）的首都。貝國內部無大型製造業無

法讓進出口平衡維持物價水平，相比墨國有豐沛的資源物價低上許多。許多貝國人假日就是乘著公車到切圖馬爾採購一些生活用品，因為不用付貝里斯離境費、入境墨國沒超過七天也不用付離境費，採購日常所需不要太過分都還不會被海關抽稅，划算至極！有餘力的父母假日就帶著小孩們到切圖馬爾市（Chetumal）光臨知名速食店，入住便宜卻有泳池的飯店玩耍。墨西哥對許多拉美國家來說，無疑是他們欣羨的泱泱大國。

QUINTANA ROO

尾鰭是猶加敦半島，邊緣是金塔納羅奧州

　　而為什麼我對出入境費用如此熟悉？就得說起自身被騙的慘痛經驗。

　　墨西哥交通方便，ADO 巴士橫行全國，我們在貝里斯市公車站搭乘 ADO 北上入境，墨西哥國境大，一趟旅程通常 5-6 小時起跳，巴士內有廁所供使用。夜班巴士在夜晚駛向邊界，首先得出境貝里

斯，司機會請全車的人下車向貝里斯海關報到，非貝國人民得繳付四十貝幣（約 650 臺幣）的出境費，於此同時，ADO 巴士會被臨檢看看車內是否藏有毒品，一切都沒問題乘客才能回到巴士內開往墨西哥入境。

　　由於我們搭的是夜班巴士，抵達墨西哥入境海關口已是凌晨，只剩鬆散的軍備和少量的人力。入境的辦公室除了和貝里斯相比大了很多外，流程都是一樣的得排隊蓋入境章。那時我剛從睡夢中醒來，順著車上的乘客乖乖掏錢，但海關的樣子很不對勁！

　　「繳多少錢？」我睡眼惺忪地問前方的旅人。

　　「23 美金。」他答。

　　我翻找錢包找出了 20 元貝幣和 20 元美金（貝幣和美金為 2:1），我問司機：「這樣混著貨幣可以嗎？」

　　司機毫不猶豫：「當然可以呀！」

　　輪到我時海關接過我的護照，看見我的墨西哥簽證就馬上接過貝幣和美金還問我要找多少墨西哥披索？

　　不是一般會告訴我匯率然後算給我看嗎？我愣愣地回：「120 披索？」

　　海關神色有些慌張，冒著汗急從抽屜撈出一些零錢塞給我，像是在搪塞什麼一樣。後來上了巴士清點才發現他多找了一些零錢，但想也沒想我就又隨著巴士行進的韻律昏睡過去。

　　事後回想起這些不對勁我才傳訊息問在大使館工作的海產：「他好像連收據都是從抽屜拿出來的。」

　　海產：「噢！他們這些人！」，他忿恨的罵完公務員才跟我解釋：

「你們根本就被騙了！根本沒有所謂的入境費用，唯一要付的是如果在墨國內待超過七天才需要付的離境費，且若是飛離墨西哥，離境費會算在機票裡，只有其他方式如步行或巴士才需要付離境費！」

等到有網路時一查才發現案例果真層出不窮，惡質的還有旅行社和司機，會一起聯手詐騙，我還發現大多都只會騙離境費，我這次遇到的收起「入境費」還真是新招呀！想起那晚司機毫不猶豫說當然可以同時收美金和貝幣的嘴臉，對，你當然可以啊！因為不管美金還是貝幣都進你口袋了。我後悔當初剛睡醒頭腦混沌且沒有做足功課，居然在一個國家的政府機關面前被敲了槓！

夜，還長。

再一次停車是在巴卡拉爾市（Bacalar），這是一處因潟湖而聞名的度假小鎮，停在此是因為得讓乘客在這的 ADO 車站加買一段到坎昆（Cancun）的車票。夜深車站寂寥無人，只有電視機和收費站臺的大媽。零星的旅人上前繳費，快輪到我時側邊的電視畫風一轉，發出了令人面紅耳赤的呻吟聲，前面還是我聽不懂的西文，後續就是毫無語言障礙都知道在播什麼的劇情，我頭也不敢轉急等著買完車票離去。

我和朋友不好意思討論起這話題，只隱約聽見後排的旅人向收費的大媽抱怨，大媽確認了一下電視後訕笑：「喔～是這個呀！」

原來是不知幾點後解禁的深夜節目，豪放地在旅人面前展露無疑是墨國的熱情奔放！我躲進巴士裡，心裡想著，這個國家真不是浪得虛名！即便後續的旅途順利平安，第一晚的造訪著實讓我印象深刻，

這個國家原來不只是傳說的毒梟和幫派，墨國的政府和各處行政單位，也不是省油的燈呢。

　　歡迎光臨墨西哥。那晚，我對自己說。

貝墨邊界的舊出入境口

金塔納羅奧州 Quintana roo

　　來到貝里斯之前，我就已經在臺灣申請好了墨西哥簽證。訪問墨西哥同學，他們都說很推薦金塔納羅奧州 Quintana roo（音讀：ㄍㄧㄥ搭哪入），就是提到的鯨魚尾鰭的側翼，物價便宜風景秀麗還有古遺跡，交通對當時在貝里斯的我又很方便，於是我便花遍了幾次的假期一點一點地收集各個景點。

Bacalar

　巴卡拉爾市 Bacalar（音讀：把ㄍㄚˇ辣）離貝墨邊境大城
Chetumal 僅 40 公里，這裡以墨西哥第二大的淡水湖 Laguna de
Bacalar 而聞名。整個潟湖十分狹長南北向長達 42 公里！他其實就像
是猶加敦半島常見的溶岩地形，像是更大的 Cenote 溶岩洞，底部是
石灰石且積聚了大量的地下水。因為湖深淺不一和不同的陽光強度或
氣候下使湖水反射出不同顏色，所以有七彩湖的美譽。若不是親眼所
見真的難以相信，淺藍、土耳其藍、鈷藍和群青，來了一片烏雲又將
整片湖蒙上一層藍灰！

防衛碉堡 Fuerte de San Felipe de Bacalar，前方即是 Bacalar 湖

　　湖邊滿是飯店、民宿或餐廳，依湖而住或吃皆在此容易至極。我們選的青旅依湖畔建了一座涼亭，隔天還能在涼亭吃早餐和在吊床上乘涼，湖水清澈非常愜意每道水波都在勾引著人下水。玩水時我還發現了水蛇的蹤跡！只是我很後來才知道，這湖水在一年前才被環保局舉報過被人非法亂倒廢水遭受汙染……，果然觀光和環境永續總是對立。

Bacalar 七彩湖

　　這裡曾經是馬雅人的領地，Bacalar 即是馬雅語而來，意思是被蘆葦環繞。當時荷蘭、法國和英國的海盜時常從加勒比海沿著渠道駛進潟湖搶掠，西班牙人殖民時期為了防禦，在 1729 年於湖畔建造了一座防衛碉堡 Fuerte de San Felipe de Bacalar。後來墨西哥獨立，馬雅人為平等而反攻在 1848 年到 1902 長達五十多年發起的階級戰爭中，

這座城鎮和碉堡又被馬雅人給占領回去，如今這當年的防禦工事是古遺跡也是一座博物館道出歷史。

　　我們回不到過去，但在馬雅血脈豐沛的這裡，你可以過得像現代馬雅。白天會有馬雅小販推車經過，賣道地的墨西哥米漿 Horchata（音讀：歐洽打）或馬雅小吃玉米糊 Saka（音讀：撒嘎），濃濃的一杯撒上和他們膚色一樣濃郁的肉桂粉。那晚碉堡旁的公園剛好有文化節，舞臺上男子們盛重著裝，裝扮以紅色和金色為主配戴鈴鐺和流蘇，腳上跳著的是馬雅舞蹈，粗獷又有節奏，我內心總覺得和八家將好像。晚上九點，公園像夜市一樣熱鬧，來一卷好吃的 Marquesita（音讀：碼了給西塔），雖不是始於馬雅，卻是始於猶加敦的點心，像大型有餡的蛋捲餅乾，超好吃。

馬雅舞蹈

Bacalar 的記憶和馬雅人的生活對我而言，很家常；像是如臺灣的飲料、夜市的小吃、居民的喧騰，就連馬雅舞蹈都像我家鄰里的廟會文化。回想那晚，彷彿那些大動干戈的悲壯歷史，在廣大時間的洪流裡就像七彩湖迎風的陣陣水波，僅是緩緩的波瀾。

Mahahual

Mahahual（音讀：馬ㄏㄚˇ畫）是在東岸沿海因為馬雅口岸 Costa Maya 而發展起來的一個小村莊，顧名思義也是馬雅人的據點，但在之前只是一個小漁村。自從 MSC 地中海郵輪在鄰近的 Puerto Costa Maya 馬雅海港停泊後，就帶來不少商機，使得 Mahahual 和另一處也是臨海的小鎮 Xcalak 開始發展起觀光產業服務搭郵輪而來的外國人。

當地其實也是有許多規模較小的馬雅遺跡或有許多海上活動或是潛水可以參加 tour。酒吧、餐廳和商店都沿著海岸而建，雖沒有像大景點的遊客擠滿沙灘，但仍有為數不少的旅人前來，或是喝著冰涼的啤酒、或晒著日光浴，我赤足踩在柔軟的沙灘上聽著海潮聲，這絕對是旅人對度假的嚮往。

其實我對 Mahahual 印象並不深，因為同行的海產病了。我們隨意入住了一家青旅，偌大的房間裡擺滿上下鋪可能不是旺季少有人入住。一般在氣候溫暖的拉美地區，這種青旅是不供應熱水和吹風機的，我讓海產趁水還有太陽曝晒過的溫熱時洗好澡就寢。平時他總是開玩笑地說他是黑人很強壯，但只要是人生病時都可憐兮兮的。

　　隔天海產燒是退了，但他開始結膜炎，眼睛發紅且分泌物是淡綠色很嚇人，我決定不再待下去，吃完午餐就打道回府。我心想著先到藥房買點生理食鹽水沖洗一下海產的眼睛，到大城市再就醫，沒想到逛半天就是找不到我們常在藥妝店看到的密封包裝的生理食鹽水。原來這裡的生理食鹽水是要經過醫師處方的！

　　這真的是沒在異國生過病不會體會到的文化衝擊，那小小一瓶僅是水和食鹽 0.9% 的配比，我甚至都會自己配！就問，在臺灣哪個帶過隱形眼鏡或擦傷的人會沒使用過？甚至不用到藥房或藥妝店，巷口便利商店都有在賣的生理食鹽水，在墨西哥竟是處方用藥！當下我真的是爆炸了！

　　幸好回到 Chetumal 後順利拜訪了一間小診所，醫生開了口服抗生素和眼藥水。

　　我問他：「能不能開 Normal Saline？或是先幫他沖洗一下眼睛？」當時海產的眼睛已經充滿分泌物難以張開了。

　　他歉然，說：「這邊沒有，這邊的 Normal Saline 都是 IV 靜脈注射用的。」

　　我再次驚掉下巴！然後一次眼科看診要價臺幣 1000 塊。嗯，這次我外在是淡定了，但內心瘋狂吶喊：臺灣的醫療真的是我沒見過再更好的了！是我心中的醫療照護傳奇！我發誓我會更珍惜家鄉的醫療資源的！

Cancun

　金塔納羅奧州 Quintana roo 再往北玩還有土倫 Tulum、卡門海灘 Playa del carmen、坎昆 Cancun 和外島等等，各個都是人氣旅遊景點，超級渡假勝地！

　坎昆我是挑了一個大考後的假期，去住了一晚全包式的飯店。因為淡季託朋友的關係拿到了一晚四千多塊兩人分但是吃喝全包一泊好幾食的體驗。這種全包式飯店的服務非常周到，我們去的那間有日式、墨式和歐陸菜色三間餐廳，想吃什麼就去哪間。沙灘和泳池旁還有酒吧，不管是新鮮果汁還是各式調酒想喝多少喝多少。還有海上獨木舟和海上充氣溜滑梯供遊客玩耍，室內有遊戲間和健身房，是個動完就吃吃完再動的養豬體驗。

　坎昆是一道狹長的沙濱長 23 公里寬卻僅有 400 公尺，在地圖上也幾乎畫不出這細長的線，U 字型沿岸幾乎都是飯店再加上車道一來一回就把地填滿了。海灘明面是公有但實際上幾乎都被飯店給牽制住了，沒有入住是很難享受到乾淨的海灘的；尤其氣候變遷造成海藻增生，許多海灘面臨這樣的問題。但是住了一晚也才發現之所以沙灘維持得很好，是因為飯店會安排人員拿篩網過濾小垃圾；甚至坎昆早就面臨海岸線後退的問題，入夜後人潮不再聚集在海灘上時，飯店會開啟機器將海底的沙子抽上來，每晚都這麼輪迴才得以保持。

　後來我發現自己沒有很喜歡這種全包式飯店，還是比較喜歡更親

近當地人的民宿和行程，但是對當時什麼都要節省的我來說，坎昆是在貧瘠的時光裡前所未有的綠洲。除了海灘外，坎昆也有很多馬雅人視為神聖之地的 Cenote 溶岩洞可以拜訪，據說 6500 萬年前有顆隕石打中了猶加敦臨海的小鎮，撞擊的力道使得隕石坑外圍產生了溶岩洞環 Cenote ring，許多天坑是超級景點。

坎昆的全包式飯店

在天坑除了游泳外還可以跟水肺潛水的 tour，據說地下水質非常好能見度很高，且 Cenote 網絡龐大在地底甚至彼此相通，也跟海水相通，所以潛到一定深度能見到鹽躍層 (Halocline)，就是淡水和鹽水的交界，因為密度不同光線折射不同，會看起來霧霧的，除此之外還有機會在水底見到鐘乳石！而潛入幾十米後再向洞口看，能看到陽光有如多條光柱灑入，說有多美就有多美，是我未完成的景點之一。不

過據報那些比較有看頭的 Cenote 都是要收費或跟 tour 才能到達的。

　　總之，金塔納羅奧州 Quintana roo 有傳奇的馬雅文化，有叢林水井又有潔白柔軟的海灘，好吃的海鮮和大多是馬雅後裔的和藹居民，真的是旅人值得一探再探的地方呢！

填湖造城的 CDMX

　　來到墨西哥若沒有造訪首都那實在太說不過去了，但海產一直耳提面命叫我收好東西，在墨城，被搶被偷是家常便飯，特別是在地鐵裡。墨西哥市 Ciudad de México 簡稱 CDMX，更多人稱它為墨城，在墨西哥危險城市中，首都墨城榜上有名。地鐵一趟不管怎麼轉乘就是 5 塊 Peso 不到臺幣 10 元，這樣就能大概知道這邊人均工資其實不高，貧富差距大和警察操守不佳使得偷拐搶騙頻繁。不過墨城很大，危險的地方很看區域，就像大多拉美都市一樣，一般的觀光區都還好，小搶小騙難免但傷及性命應是不至於。

　　墨城原先是高原盆地，低谷原是一處廣大的內陸湖，而阿茲特克人 Aztecas 將城建在在湖中的一座小島，稱做特諾奇提特蘭 Tenochtitlan，是阿茲特克 15 世紀時的首都，曾是殖民前美洲最大的城市。不過當時他們不稱自己為阿茲特克人，而稱於墨西加河谷為據點的自己墨西加人 Mexicah。作為墨西哥知名的古文明之一，阿茲特克輝煌的時期比馬雅文明還晚還短，約在 12 至 15 世紀直到被西班牙攻陷。比起稱為帝國，更像是各個部落的集合體附庸阿茲特克王的關係。

　　傳說阿茲特克人受到太陽神維齊洛波奇特利 Huitzilopochtli 的指示南下遷徙，而當他們到湖中央的島嶼也就是特諾奇提特蘭 Tenochtitlan 時，他們看到一隻叼著蛇的老鷹停歇在仙人掌上，他們認為鷹是神靈的意象要他們在此建立城邦。墨西哥獨立後墨西加人的

阿茲特克文明即成為墨西哥強調的國族象徵，墨國旗中央描繪的雄鷹銜長蛇立於仙人掌之上的場景，即是來源於此。根據西班牙殖民者的地圖，特諾奇提特蘭這座漂浮城市被同心圓置於湖泊中，當時人民用橋梁連接島和大陸，而橋可以被拉下像護城河的概念保衛城市，且這個城市也有高聳的聖殿、太陽神廟和各種河道網絡供阿茲特克人步行或使用獨木舟作為交通。想像起來總有點消失的亞特蘭提斯或原民版水都威尼斯。

1521 年，西班牙探險家科爾特斯 Hernán Cortés 為求歐洲大陸已然浩劫的貴金屬──黃金與白銀，殲滅了特諾奇提特蘭，更繼續大量填平湖水在原先的廢墟上建立殖民帝國的首府，因此墨城其實有土壤液化經不起強震侵襲的風險。而事實上墨國也的確因為地震吃了不少苦頭：1985 年，墨西哥市曾發生大地震，9 月 19 日規模 8.0 的大地震導致 5000 多人死亡。2017 年，又再次是墨西哥遭地震重襲的一年：9 月 19 日，當中午時分，墨西哥政府才辦了 1985 年大地震的紀念活動，兩小時後就發生了規模 7.1 的大地震，也累積了幾百人的死亡；好巧不巧，竟和 32 年前的夢魘發生在同一天！而其實當月初，墨西哥南端才發生了一起規模 8.1 的大地震而已，已經讓南部為生活拚搏的墨人苦不堪言。

我拜訪墨城的 2015 年冬，是個暖冬，走在在擁塞繁華的首都中，一點寒冷的感覺也沒有，反而豔陽高照讓旅人逛得汗流浹背。這裡勢必要拜訪的景點絕對在中央歷史區 Centro Histórico，我會建議坐車到獨立紀念柱 El Ángel de la Independencia，途經藝術宮 Palacio de Bellas Artes 和墨西哥郵政宮 Palacio Postal 之後走往憲法廣場

Zócalo。其他還有許多歷史遺跡和博物館，若是時間充裕，一間一間拜訪待個一週也不嫌多。

獨立紀念柱 El Ángel de la Independencia

在美國獨立和法國大革命後，拉美也紛紛效仿，墨西哥獨立戰爭於 1810 年浩浩蕩蕩展開，又是歷史上濃墨重彩的一筆，位於改革大道的獨立紀念柱即是為了慶祝墨西哥獨立一百周年於 1910 年而建，向長眠於此當時奮勇對抗西班牙殖民者的墨西哥英雄致敬。長達 12 公里的改革大道是有如臺北信義區或巴黎香榭大道一般，高級的商辦大樓、證交所銀行和購物商場林立，盡顯墨城繁華，而從獨立紀念柱到憲法廣場的這一段，就有如臺灣的凱達格蘭到大道一般，是遊行示威的聚集地。

　　途經的藝術宮 Palacio de Bellas Artes 更是不會錯過的歷史景點之一，也是為了慶祝獨立戰爭而改建的新古典建築，最終在 1934 年完成，是白天氣勢磅礴夜晚燈光下也輝煌的地標。鄰近的墨西哥郵政宮 Palacio Postal 也不容錯過，一開始是做為政府機構後來才轉為郵政大樓，除了能在此寄明信片也別忘了欣賞內部豪華精細的陳設，尤其這可是《可可夜總會》CoCo 動畫裡亡靈辦事大廳的原型！若夜晚登上拉丁美洲塔 Museo de la Torre Latinoamericana 則可盡享整個城市夜景風光！

藝術宮 Palacio de Bellas Artes

　　再往因西班牙憲法而得名的憲法廣場 Plaza de la Constitución 走去，就會漸漸發現建築物由摩登的高樓大廈變成富有歷史味和充滿人流的街區。對的，這裡就是從阿茲特克時代起的宗教和政治中心——

特諾奇提特蘭 Tenochtitlan：廣場北側是西班牙殖民時期建的主教堂 Catedral Metropolitana、東側是國家宮 Palacio Nacional 正是阿茲特克王蒙特蘇馬二世（Moctezuma II）曾經的皇宮但被西班牙改建成的總督府、東北角是聖域大神廟 Templo Mayor 即是當初阿茲特克人看見雄鷹銜著一條蛇站在仙人掌上的地方，遺址還可見顱骨祭臺、南側是聯邦區大樓也就是市政廳、西側有飯店餐廳銀樓等展現了生機。

憲法廣場 Zōcalo 的溜冰場

　　憲法廣場又被稱爲 Zócalo（音讀：肉卡樓），柱基之意，因爲本計劃在此修建紀念墨西哥獨立的紀念柱但是沒完成，而後柱基被摧毀但 Zócalo 這名字反而成爲主廣場代名詞，其他州區也常以這詞來命名主廣場。許多儀式、慶典、抗議活動甚至演唱會都會在此舉行，我們到訪時政府響應聖誕節活動，還特別布置了一塊超大型溜冰場，只

要排隊現場領器具就能免費溜到冰！

　　墨西哥市新舊交融是座摩登先進又富有歷史文化的城市：旅人腳踩的地底有西班牙人填湖造城掩埋的墨西加人的委屈——不懂爲何有人會因爲黃金——對他們而言根本不是貨幣的裝飾品而殲滅自己；地上有殖民者帶來的信仰古遺跡，而後有光復的衝突留下的建築印記。逛累了不如停下來，回到現在這個時代，喝個原產於墨西哥的咖啡，或來一支 Santa Clara 冰淇淋，看喧鬧又接地氣的小販和人流，欣賞這城市氣息。

墨城南方車程兩小時的索奇米爾科 Xochimilco 遊花船

　　後記：Bosque de Chapultepec 查普爾特佩克這座超大型的公園和鄰近的國立人類學博物館 Museo Nacional de Antropología 大家也別錯

過了。南方車程兩小時的索奇米爾科 Xochimilco，大家都稱他爲鬼娃島，被媒體或商業包裝得有點恐怖，是僅存少數墨城還能遊船的區域。若想感受阿茲特克人當時划著獨木舟遊走於行政中心之間的感覺，就來試試吧！包船的形式有船夫替你撐篙，和三五好友喝著啤酒放音樂度過悠閒的半天。

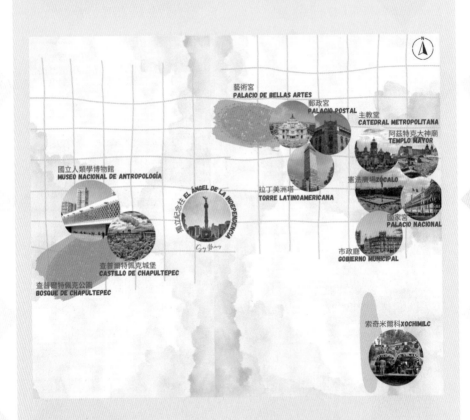

見證世代的梅里達 Mérida

　　地形上我們稱的猶加敦半島（Península de Yucatán）範圍其實涵蓋了行政劃分的金塔納羅奧州 Quintana roo 和猶加敦州 Yucatán，而梅里達 Mérida 正是墨西哥猶加敦州 Yucatán 的首都。雖名氣不比該州的新世界奇景奇琴伊察 Chichén Itzá 或另一個馬雅遺跡烏希馬爾 Uxmal 來得高，卻曾是西班牙殖民時期威震南部甚至以西班牙城市而命名的大型總督府，她可是猶加敦半島上最大的城市。

　　西班牙的都市計畫總是能讓整個小城變得方正可愛，也總有一個主廣場或公園，四周還得是那些標的性的建築物，像燈塔一樣不管怎麼走只要知道主廣場的方位就不會迷失。往廣場的路上一棟棟的西班牙建築標誌方形塔樓、紅瓦白牆斷斷續續地連接著，淺白的暖色系為主。偶爾拱型的深色木門後是餐廳或是深牆大院有著天井的民宿，從馬蹄窗有時難窺其中奧祕。

　　不過最常見的是林立的服飾店，掛滿了繽紛的服飾也有男性正式的襯衫。這種流行於拉美的男性傳統襯衫叫做瓜亞貝拉 guayabera，已不知發源地是古巴還是菲律賓，但確定的是古巴將其發揚光大，地位已達他們的官服階級。這種開領襯衫通常是長袖且材質為麻，也多為淺色來因應熱帶氣候，胸前會有貼袋、縫線皺褶或繡花的裝飾，有趣的是這種服裝是不需要紮進長褲裡的，而這種沒有西裝領帶的正式服裝，更適合天氣炎熱的拉美地區所以蔚為流行。

　　服飾店這麼多的原因，原來是因為這是墨西哥的紡織工業重鎮，因為低廉的勞工，許多的代工廠都在這齊聚，提供學校制服生產甚至到 NASA 宇航服等；加上其他工業的蓬勃在製造業方面該市的成長率可達全國前幾名。我們就在這買了不少件衣服當伴手禮，件件高品質又實惠。如今，他們也在朝著創新設計和成立品牌的方向轉型，希望能往更高水平的技術發展並提供更多就業機會。

海產的爺爺和叔叔著不同裝飾的瓜亞貝拉 guayabera

　　回到 16 世紀，話說比起當時墨西哥中部已毫無向心力的阿茲特克，南邊的馬雅城邦可是難纏許多還打跑西班牙人數次。1542 年時隔科爾特斯攻下墨城及當時的特諾奇蒂特蘭後的 21 年，他的部將

小弗朗西斯科・蒙特霍二世 Francisco de Montejo 才子承父業奪下當時叫做 T'ho 的馬雅城市，即是如今的梅里達 Mérida。在海港坎佩切 Campeche 和梅里達建立了整個軍事行政中心後，才一步步征服了整個猶加敦半島的馬雅城邦。

梅里達主廣場 Zócalo de Mérida 的東邊是大教堂 Cathedral of Mérida 當然也是在馬雅遺址上而建，還有歷史博物館和美術館、北邊是市政廳和猶加敦州廳 Palacio de Gobierno del Estado de Yucatán、南邊是蒙特霍（或翻孟德）之家博物館 Museo Casa Montejo，對的，就是攻下猶加敦半島的蒙特霍一家；蒙特霍之家很值得一逛，裡面陳設了當時的使用狀況，可以一探西班牙好野人家。廣場北邊幾個街區外甚至還有以蒙特霍命名的大道 Paseo de Montejo，如今是高級住宅／商辦區。

大教堂 Cathedral of Mérid

　　蒙特霍之家其實現今只存在一部分，不過留下的精華外觀仍可看出當時西班牙人的優越感。老蒙特霍幾乎把自己和整個家族包含老婆、女兒和兒子（蒙特霍二世）都刻在了一樓的牆面。而令人一眼即看出當時他們階級驕傲的部分，則是在二樓有西班牙軍人踩在馬雅人頭上的雕刻，也有馬雅人彎著背撐著柱子的裝飾；無疑是臺灣廟宇會有的「憨番扛厝角」和「憨番扛大杉」之翻版，只是在臺灣是表達對於荷蘭人統治的不滿。

蒙特霍之家

西班牙士兵腳踩馬雅人頭

　　臺灣被荷蘭人統治 38 年即有此抱怨之舉，在西班牙四百多年的
殖民下，馬雅人怎會沒有不滿，而事實上他們也多次反攻！在殖民時
期，馬雅人並不都是服從乖順。如同其他殖民國家，血緣即是階級，
西班牙人凌駕於混血人種，而最低階的即是該地的原住民馬雅人和黑
奴。而後墨西哥於 1813 年獨立，為了分別西班牙文化，在墨西加人
的阿茲特克文明被當成是墨西哥人的國族意識而宣揚的同時，馬雅人
卻仍於社會的最底層看不見曙光，於是在 1847 年，這份不滿終於爆
發成為長達半世紀的猶加敦階級戰爭 Guerra de Castas en Yucatán。

　　這場追求自由的戰爭爆發，除了長期壓抑也是抗議資源的不對
等。猶加敦盛產黃條龍舌蘭 Henequen，馬雅人可將其製為劍麻再加
工成非常堅韌的麻繩，當時最常用於固定船桅和帆布，19 世紀後因
為新工業化更是蓬勃發展，外銷得非常好；當時，梅里達甚至是墨西
哥最富有的城市之一。Henequen 又有別名是馬雅人的綠金，但馬雅

人，不過是被剝削壓榨的奴工而已。

西班牙探險家們拿著墨西哥黃金分攤後各個發家致富，而後墨西哥是獨立了，但階級沒有流動，南部的那些白人莊主仍住在猶加敦的西邊，在梅里達和坎佩切蓋上華麗的莊園別墅過上優渥的生活，馬雅人永生永世都為階下囚。於是一場墨西哥軍隊超過半世紀都無法平定的反抗運動開始，多次都被死守在猶加敦東邊的馬雅軍隊反擊回去，這段期間，被俘虜的馬雅人甚至會被當成奴隸販賣至其他國家。直至1901 年，墨西哥大將 Salvador Alvaradoh 武裝鎮壓直下猶加敦才宣布平亂，不過據報直到 1933 年最後一批馬雅反抗軍才停止抵抗，而墨西哥政府報告馬雅人減少一半以上。

現今仍有類似的民族反抗發生於恰帕斯州 Chiapas，馬雅人仍以游擊隊的反抗形式向政府表達不滿，所以如今該州也是墨國危險城市榜上有名。原因不難理解，階級戰爭百年後，馬雅被包裝成各式噱頭販售，但馬雅人仍大多從事著最底層的工作，像是梅里達工廠的廉價勞工。社會階級宛如細密堅韌的劍麻羅織成的一張網，逼人窒息卻難以斷開。

來到猶加敦州除了一探西班牙殖民文化和兩座響叮噹的馬雅遺跡——奇琴伊察 Chichén Itzá 和烏希馬爾 Uxmal，也來看看梅里達這座19 世紀曾是最富碩的城市。為響應文化宣導，現在週末夜晚的蒙特霍之家有燈光導覽和不定時的特別活動，有時是墨西哥舞蹈，有時是馬雅文化表演。

夜晚的燈光秀和導覽活動

除此之外，當然得上街試試看馬雅美食，像前幾章介紹的 cochinita pibil 燉肉，現在已經用現成的調味料 recado rojo（音讀：磊嘎兜 囉吼）來製作，rojo 即是西班牙文中紅色的意思，因為成分有馬雅人藏紅花——胭脂樹果帶來鮮豔色澤，還有小茴香、胡椒、丁香和肉桂等多種香料，市售有粉狀也有膏狀醃肉或拿來烤雞都超好吃，墨西哥南部或貝里斯都很常見，臺灣的親友也都很喜歡。

除了紅色的燉肉還有一道菜叫做 Relleno negro（音讀：磊耶 no 內個囉）或 Chimole（音讀：起摸磊），湯底烏漆嘛黑通常配上水煮蛋和火雞肉或雞肉丸。黑色的部分是辣椒和香料乾燒後的產物稱做 recado negro（音讀：磊嘎兜 內個囉），沒錯 negro 即是黑色。最傳

統的作法和 Pibil 有異曲同工之妙也是將肉和黑醬在地底燉煮，因為
這樣煙燻味會滲透得更好。嘗起來一言難盡，因為是乾燒辣椒還有點
辣味，湯底濃稠配上火雞肉滋味鮮美，但總有點在喝致癌物的恐懼？
總之，無法親身體會他們的煎熬，至少一口閉著眼喝下去理解馬雅人
保衛家園的勇氣，再感受舌尖上如戰場的辣意。

Relleno negro

古巴
Cuba

古巴之所以美——La Habana

2016 年底，一代政治巨擘殞落，他就是古巴的革命領袖斐代爾·卡斯楚（Fidel Alejandro Castro Ruz）。而我在 2017 年，終於坐車北上，從坎昆飛到哈瓦那，一探這奇幻帝國的眞實面目。（當時的執政者是勞爾·卡斯楚 Raúl Modesto Castro Ruz，斐代爾·卡斯楚的弟弟，而他於 2021 年正式退休，結束卡斯楚世代。）

說到社會主義，臺灣人大多直覺想到離我們最近的的那個共產黨，而也把其他共產同盟的國家同化，使得我們在追求資本主義並實踐的當下，難以去細想社會主義的眞義，反而直接給他們貼上了標籤。來到古巴，算是暫時拋開先入爲主的觀念，看看別人的歷史了解左派和右派，了解革命和經濟制裁。

哈瓦那舊城區果眞如電影場景一般，老爺車穿梭其中的畫面令我不禁驚呼：「天哪！這就是《玩命關頭八》的場景啊！」

馮迪索在古巴飆車的背景絕不是建構出來的，它就在那屹立百年，用它最美也最殘破的姿態。我從沒見過生機勃勃的廢墟竟是如此的耀眼，整區的破壁殘垣卻充滿生氣：斑駁牆面妝點著的花草植栽、居民的吆喝談天聲、馬路上五○年代的老爺車，還有晒衣竿晾晒的衣物在藍天裡徜徉……，每一景都是絕色，絕不愧於世界文化遺產的美名。

然而這些美卻也美得諷刺，17 世紀西班牙殖民時的歐風建築還

在，五〇年代的老爺車還在，這些活歷史都在控訴非倫常所爲的經濟制裁。古美的關係或許可以從 18 世紀了解起，當時的歐洲殖民主義漸漸走向尾端，美國門羅總統發表宣言表示不希望美洲再被歐洲介入，但美國覬覦古巴從 18 世紀就可被窺探，美古的貿易出超十分驚人，古巴對美國來說，是怎樣也不肯放棄的金雞母。

　　陳小雀老師的《魔幻古巴》就細細地訴說古美關係，馬蒂（José Julián Martí Pérez）身爲古巴獨立運動的領頭羊十分的有遠見，在發起獨立運動想帶領民眾脫離西班牙統治的同時，也意識到美國正虎視眈眈的觀望。就在馬蒂死後不久，果然美國藉故挑起美西戰爭迫使古巴成爲了美國的殖民地，即使日後承認了古巴獨立，仍扶植了魁儡政權持續干涉內政和侵占礦場蔗糖等企業。自由經濟市場是資本家的天下，財閥的手段造成古巴貧富不均，財富過於集中而使得革名口號升溫。而後，才是眾所周知的革命型男切格瓦拉和大鬍子將軍卡斯楚的世界。

　　卡斯楚政府大刀一下斬斷了美國在古巴的經濟收益，收歸了原本美國掌握的 40% 甘蔗田，90% 礦場、養牛場和 80% 的公共事業，總計 250 億美元。這不是反美，而是拿回應有的權利，但卻使美國於 1961 年和古巴斷交，並對古巴實行經濟、貿易和金融封鎖，還發動一連串外交和軍事攻擊，比如豬玀灣事件。豬玀灣事件可以理解成美國他安排在美流亡的古巴人受訓後於豬玀灣發起進攻，這起入侵古巴事件雖敗北，卻導致了古巴和蘇聯正式宣告同盟，卡斯楚也宣布走向社會主義，而引發之後電影《驚爆十三天》內所闡述的的古巴飛彈危機。之後，就如同我們所熟悉的兩國交惡直至今日仍是非常敏感的關係。

義大利麵都要煮得軟爛膨大來增加體積

親走一遭古巴，徹底理解經濟制裁的影響，這裡的物資貧乏，沒有新車和零件進口，外表華美的老爺車金絮其外敗絮其中，拋錨的隨意一瞥就有一輛；駕駛早已熟能生巧，扳手敲打一番後又繼續載客上路了，這絕對不是偶發事件。餐廳和賣場的品項乏善可陳、新鮮肉品是稀缺，而雞蛋牛奶只有少量配給；在臺灣賣得香氣四溢紅翻天的古巴三明治大家都不曉得，原型其實是酸餿的火腿帕尼尼！就連常見的義大利麵都要煮得軟爛膨大來增加體積，配菜也僅是加工肉品和成品粗糙的手製起司。古巴，從來都不是美食的天下。

堅決不低頭的卡斯楚一任近 60 年，這期間他的傳奇事蹟不斷，甚至包含美國在冷戰期間陸續的暗殺行動，英國紀錄片更揭露「暗殺

卡斯楚的 638 種方法」。他在國內興辦免費教育和擴展醫療體系，盡力彌補共產制的不足；古巴的老師和醫生比例之高，約每 16 人就有一人是醫生，此高水準的醫療在拉美和國際間貢獻良多，常派出支援；又比如在新冠肺炎疫情期間古巴醫生就被派往義大利協助。由於免費的教育使得人人都有受教權，不管身份位階，即便衣衫襤褸的老年人都能恣意的享有一份閱讀的平靜。強化了社會主義的核心。

經濟制裁後產出的古巴土製可樂

古巴在蘇聯解體後曾有一度十分艱困，民不聊生，但卡斯楚仍堅持著社會主義的道路向美國的壓迫說不，直到歐巴馬在 2009 年訪古並宣布關係正常化。政治人物總不是完人，但相比於《震撼主義》一書列出不勝枚舉的於十九世紀後，因美國資本家集結各財閥和藉由軍

事介入而動盪的拉美國家們，卡斯楚所領導的古巴反而是很個特別的存在。在被經濟凍結後古巴仍能平安的熬過 11 任美國總統任期，也不像拉美國家那樣頻繁發生通膨和動亂，除了最為被詬病的獨裁和各種限制外，卡斯楚的領袖魅力和治國方針已經可以被稱為拉美的一代梟雄。

哈瓦那又美又多變，走過哈瓦那舊城區，親眼見證殖民時期保留的修道院、碉堡以及獨特的古巴藝術；探進中央區的小巷，殘破頹廢的住宅區人聲鼎沸，走進小店買一罐經濟制裁後而衍生的土製可樂，喝一口體悟生命的韌性；夜晚踏進半露天酒吧，喝上一杯海明威最愛的 mojito 融入古巴音樂裡，享受古巴人民對生活的盼望。

隨處可見的老爺車依偎在古色古香的街道裡

斑駁的街道，隨手一拍都是電影場景

　　然而隨著自由經濟開始，已有越來越多的建築將重建，古巴人也各個露出資本的野心，或許從殘壁中冒出新芽的美麗在未來將不復見，最終只能像歌詞「Havana, ooh na-na 〜 Half of my heart is in Havana, ooh-na-na」只剩追憶。

　　至此我才明白，原來古巴殘缺的美之所以是絕色，是因為這是古巴人民的骨氣。

任誰都有閱讀的權利

古巴農場的雪茄——Viñales

　　古巴，明明網路極不發達，要上網除了得買限時的網卡外還得到特定的公園或街角才連得上 wifi，這樣的國家旅遊業卻興盛發達，在還躊躇下一站的去處時，民宿主人已經幫你聯絡好下一個城市的落腳處，連明天要出發搭的車都妥妥的安排好了。而且，從不喊價！彷彿公定價一般，車錢都談妥房價也都是 25 美金一晚，兩床，連早餐也都是 5 美金一餐。

　　我們就這樣在出發前只訂了在哈瓦那的民宿，後面行程就接續著被周到的服務著。網路反而資訊太多又太繁雜，還要做出各種五花八門的選擇；房東太太電話一通接著一通的撥打，從哈瓦那一路往西傳，小城接小鎮、小鎮接小村、再接往各自的親朋好友徵求司機、載客數不夠於是電話又傳阿傳的，到了隔天吃完早餐提著行李下樓，司機和其他共乘的旅客已在哈瓦那斑駁的建築物底下等候著我們了。

　　下一站，是去拜訪雪茄的故鄉。

　　土質含氮的紅色維尼亞萊斯山谷 Valle de Viñales（音讀：Va 勒 de Vi 娘勒斯），是孕育古巴菸草重鎮之一；加上石灰岩地形，山谷中充滿著特色的溶岩景觀處處是灰岩殘丘和小丘陵，使得這個小鎮獲得世界文化遺產殊榮，也於是旅遊業興盛。所以觀光行程像是騎馬去參觀菸草農場、造訪咖啡莊園或是攀岩等戶外活動都已發展得十分完善且多元。住的民宿就有許多配套行程，選定了隔天的活動決定嘗試

騎馬逛雪茄農場，於是民宿阿姨又拿起那彷彿在古巴可以解決所有事情的電話筒，一通接著一通，從爸媽問到叔姪再問到親友，於是隔天早上八點，吃完早餐的我們被領了出去到馬場。

第一次要騎馬，真是緊張又忐忑，我被分配到的馬叫做 Elsan，第一次見，他倒是放得很開，就著休息的樹蔭底下嘩啦啦的尿了一地，我吃驚地看著馬尿奔騰如流水海量地滾滾而來再漸漸滲入橙紅的乾土裡，嘩啦地尿聲一結束，世界又恢復了寧靜。Elsan 抬尾掃了掃黏人蒼蠅，我的內心漸漸和大地被同時安撫不再見塵土飛揚，感嘆著這才是最自然不過的樣子，是我被都市的秩序慣壞了。馬場主人牽出了同行夥伴的馬，一人一匹協助我們跨上馬鞍教我們操作韁繩；不愧是古巴，第一次騎就直接讓遊客上馬，主人騎著馬壓後，完全沒有馬夫在一旁牽引。

樹蔭底下的 Elsan

　　練騎時我發現 Elsan 雖走的是直線，頭卻會傾向一邊，這才發現他一眼有眼疾。但 Elsan 的性情溫馴穩定，不像夥伴的馬半途載著人還追著母馬去了，他就是穩定的在原地嚼著一旁玉米田的葉子等待，一邊等著年輕氣盛的同伴被馬場主人趕回來。山谷裡種滿了玉米，騎行的道路兩旁都是綠油油的玉米田，烈日下 Elsan 溫柔的駝著我一步步地走，坐在他背上的高度讓眼球映滿蔚藍天空和披滿綠植的灰岩殘丘，配色是深橘的土質，讓這段往雪茄農場的時光溫暖又優閒寧靜。

頭歪一邊的 Elsan

　　忽地 Elsan 轉頭一啶，叼著臨田一片玉米葉嚼了起來，夥伴的馬也有樣學樣，引得馬場主人生氣地甩鞭遏阻。跟在後頭夥伴的馬肯定還年紀輕，屢試不爽還總是停下腳步定點嚼著玉米葉，直到馬鞭落到

身上感到痛了才趕緊跟上前方夥伴的腳步。雖然那鞭的力道拿捏得宜，不至於驚動到馬匹讓他們狂奔，我卻總還是會被後頭的鞭聲嚇到心一驚。Elsan 就顯得高招，他總是佯裝不在意地前行卻又適時地轉頭一啣，長長的玉米葉就隨著他前進的步伐嚼地越來越短、越來越短直到沒在他嘴哩，接著一轉頭又是一片長長的玉米葉⋯⋯。果然是識途老馬，整趟旅程沒被打過，他嘴巴也沒停過。

雪茄農場的騎行時光

　　騎行到雪茄農場，我們被扶著下了馬，Elsan 彷彿對這套裝的行程已了然於心，悠閒地在原地嚼著殘餘的玉米葉，而我們被領進了茅草屋裡。屋裡高高掛著成串的菸草，未燃燒的菸草氣味像發酵的酒香和木頭混合，每一片雪茄葉都要經過適當的煙燻發酵，才能釀出絕佳

的裊裊雲霧。我們聽著導覽的講解，看著他一步步地把尼古丁含量最高的葉梗去除，再把雪茄的內、中、外層葉片揉捻而後層層捲起、點燃；那像是某種古老的祭拜儀式，莊敬神聖的燃起了煙，頓時室內氣味又變了。農場主人拿起了一旁的天然蜂蜜，倒滿了一瓶蓋，讓我們沾著雪茄抽；我不會抽菸，吸不到肺裡，但那含在嘴裡滋味有甜蜜芬芳又有發酵的煙薰苦味，應是佳釀吧！請原諒我這個旅人的淺薄，我滿含歉意地將雪茄讓給我同行的友人。

我拾起一片雪茄葉，對著光才能看懂他的脈絡，紅泥的滋養沿著脈梗擴散至葉片的盡頭，透光的紋路瞬間讓我著了迷，我嘴裡還有那一股清甜的煙燻苦味。手裡葉梗的觸感、眼裡光的四射和口裡的菸的餘溫，彷彿能感到我們是一體的；彷彿感到我看透了它、懂了是從剛剛一路騎行過來的山谷裡的風、紅壤內的礦物質、淅瀝瀝的水流、浩瀚的藍天和驕陽的沐浴滋養了聞名於世的古巴雪茄。

回程的路上感受陽光飽滿而充實，我們已不再懼於馬鞍上的高度，導遊甚至玩鬧地抽起長鞭讓馬匹們奔跑起來，馬蹄答答答地穿梭在山谷裡，我忽然覺得，即便我不懂菸，卻覺得這樣一趟在馬背上顛簸的騎乘，讓我們的生命交會了，如同我走過它成長的土地，品過它所需的朝陽。一晃眼我們回到馬場，不捨地歸還了 Elsan，只剩下路途中潑濺而出的紅土泥牢牢地印在我的牛仔褲上，洗也洗不掉，像這有點褪色的回憶也在腦中，帶著溫度，忘也忘不了。

後記：關於這段旅程，最後悔的就是沒給我三伯買一支地道的古巴雪茄，他當時是個罹患了肝癌的老菸槍，又因為我個人反菸，自己

旅行從沒在世界的某個機場買過菸，年輕時偏執於自己的有所堅持，又理直氣壯地認為是為了他的健康著想。直到他倉促離世，而我回憶起這段雪茄的記憶，才驚覺自己的錯過，人生的最後，只求恣意暢快地活，那蜜香濃郁的菸味，我多希望他能開心地嘗一口。

對著光菸葉的脈絡

音樂之城 Trinidad

　　揮別自然色彩的山谷，民宿老闆娘替我們安排了共乘汽車一路駛向東，這次的目的地是七小時路程的千里達 (Trinidad)。一輛沒有冷氣的古董車塞了十幾人，車頂是我們的行李，後車箱被改成座位。同行的除了我們之外還有穿著時髦的西班牙女郎們和兩對夫妻外加一個嬰兒，一路上擁擠而安靜，臨海的自然風仍抵擋不住下雨前的潮溼悶熱，西班牙女郎濃郁的香水味時不時竄出，混合老爺車裡常修繕的潤滑油味令人昏昏沉沉。

　　上路後不久，我們就迎來了古巴雨季常見的暴雨，司機要我們搖起窗戶，殊不知我這頭的窗戶根本沒辦法好好地卡著，不管搖桿撐得再緊只要手一離開搖桿，玻璃就會自由落體掉落一小段，一路都是我撐著扶著那一片玻璃才不至於車內淹成水災！「我眼角已氾成水災，再高的牆都擋不起來」我內心哼著 Matzka 的歌哭在心底，眼角的是紛飛的雨水不是淚，一邊努力用手肘撐著那道鬆垮垮的牆。

　　暴雨，不僅狠狠遮蔽了擋風玻璃的視線，還不留情面地打飛了古董車的雨刷，司機衝下車撿再一身溼地快速裝上；沒幾分鐘後車棚開始漏雨，旅人總算有了交集，我們面面相覷，了然地發揮自主求生技能：翻找到了早餐的鋁箔紙包裝，拗一拗再塞進洞裡。所以說古巴路上隨時可見司機修車的風景，平凡到能發生在我們身上。即便在寫這段文字時，冰涼的雨滴打在手臂上的溫度好像還在那，當時的倉皇狼狽都成了如今的有趣難忘。經濟制裁的後果，不來個暴雨怎麼能切實體會呢？

有破洞窗户玻璃闔不上的的老爺車

　　不知不覺，我們就到了千里達。落腳的的民宿有道天井，雨滴和陽光並行淅瀝淅瀝的打進年老屋子的小院子裡，有種時光穿透的錯覺。Casa 婆婆叫做 Dulce 甜甜，是名老伴已過世的退休國小教師，

非常親切的她甚至邀請我們共進晚餐。但畢竟在古巴還是多少能感受到當地人對旅人的野心，我們防備地問要付多少錢，但婆婆卻說六月的第三個週日是這邊的父親節，所以她招待！溫暖地相邀令我心生愧疚，這就是旅遊在外的衝突——面對陌生人的進與退、信與防。總得在相處後才揭曉，被騙了也只能摸摸鼻子認虧，遇到好人就為這趟旅程多添一道色彩。

Casa 婆婆準備的大餐

父親節當晚，我們見她在廚房忙進忙出，先是炸香蕉又準備秋葵等配菜，還烤了一隻好大好大的鯛魚！佐上炒好的酸甜莎莎醬，非常美味！我們深知在古巴大多的食品都是配給，常常見到外頭商店排著人龍，每人再拿著一袋麵包回去，婆婆這樣大方的招待我們，都不知道她是額外花了多少錢才買下這些食材。那晚我們邊吃邊聊，還跟她

學古巴特殊的西班牙文，因為是島國又封閉的關係，古巴的西文也自成一格，是非常獨特的存在，我們笑著比對種種不同，她也重溫了舊日的教書時光。點心是旅伴帶的富有特色的臺灣杏仁茶，入夜，甜甜的又香香的畫上了句點。如果說旅途中遇到的好人都能添彩，那甜甜婆婆給的，是濃郁熱情的莎莎醬色。

在千里達的夜晚，每晚都如這晚般繽紛多彩。走在路面鋪滿鵝卵石子的鬧區，幾乎每經過兩三棟房子就會有一戶傳來悠揚的音樂，會是有駐唱的酒吧，或是街頭藝人的表演，又或是音樂家們的 live house。和 Dúo Cofradía 這樂團的緣分也始於此，一天下午我們參觀完博物館走走逛逛的途中被又古典又饒富古巴韻味的節奏和旋律吸引，大門深鎖的一棟老宅傳出活力悠揚的爵士氛圍，我們朝斑駁的窗戶望進去，是一個樂隊的表演，不知不覺，我們就聽完整場演出。女主敞開門走出，跟我們說：「晚上有表演一起來吧！」，我們才知道這僅是場彩排。

因為實在太驚豔，晚上我們準時赴約，原來男吉他手和女主唱是結縭好幾年的夫妻，是小有名氣的音樂家，也發行過唱片，到場的幾乎都是他們相熟的朋友。音樂會一開場就是十分抓耳的成名曲 Más arriba，歐式建築挑高的特色讓主唱的中低音色響徹整個大堂；升降半音運用在旋律編織下多變又多彩，配上饒富律動的沙鈴、低音共鳴的貝斯和多音節的西文歌詞，還有曲與曲之間幽默的串場，毫不留情就偷走了夜晚的光陰。本來對古巴音樂只是關達拉美拉這樣的刻板印象，過了這晚瞬間翻轉立體起來，比較過墨西哥和加勒比海音樂後，更讓我驚覺古巴音樂的特色和出彩！而每個城市給我的體驗又不相

同，如果說哈瓦那的音樂更似於酒吧文化的明日愁來明日愁，那千里達的音樂，便更似文人墨客的翩翩風采吧！

受邀參加的 live 演奏

　　白天的千里達鬧區，也十分有氣質，不若哈瓦那古城絕處逢生的生命力，這裡更有寫意的韻味。廣場周遭許多博物館佇立，漆上不同粉嫩色彩的老房子各個高挑氣派，500 年前的殖民光陰似乎重現在這裡，配上偶爾經過的馬車踩踏在不平整的鵝卵石路面，噠噠噠地總有那美麗的錯誤的想像。這裡在 18、19 世紀曾是古巴最重要的糖業貿易中心，許多富裕的西班牙裔地主也在此構成一小型聚落，老房子都還是能顯現當時風華——細緻獨特的鐵鑄窗花、寬敞挑高的大廳、斑斕精雕的拱門造型以及綠影扶疏的庭院。

　　糖產業的發達，也帶動了人工需求，這裡也成了當時拉美最大的黑奴交易地之一，甘蔗谷裡的烈日下，需要有人的汗水來灌溉和蒸發出剔透的食糖。所以市區那些氣派的洋房是剝削的歷史，落地華美的鐵窗是要防止他們擅闖、高塔是用來監視甘蔗園裡他們的工作情況，而鵝卵石上噠噠的馬蹄運載的不是歸人只是一筐筐的蔗糖，這一切，就直到糖產業的沒落才告終，如今看不見的不公平支撐著小鎮世界文化遺產的地位。

千里達一景

　　相比於英屬美洲的黑奴政策強力禁止任何一切的文化散播，西屬殖民地對黑奴的管理較為放任，黑奴的音樂文化也於是在古巴發酵，非洲鼓清脆地響、沙鈴韻律地刷、做工的人休息時委屈但樂觀的吟唱，最後輾轉融合了西班牙的吉他旋律，分支出好幾種門派。這段

長達 400 年的文化混血,再經詮釋與更迭圓融出自然的音樂類型,Guajira (Flamenco) 就是其一代表,最後在 20 世紀初一曲〈關達拉美拉〉的發酵下發揚光大,曲調流露古巴人獨特的悠閒慵懶,搖擺浮沉於加勒比海上,卻是寫著他們骨子裡反戰想逃脫美帝剝削的血液;像小丑面具的背後,在乍聽歡樂自由之下,是鬱鬱神傷。

如今的音樂和舞蹈,更多是被囚困在獨裁不自由的國度的自我催眠與陶醉,僅能藉由歌頌和舞動忘卻煩憂。古巴音樂就如同世代建築一樣,見證這些歷史,抒寫每代內心最真實的渴望。

祕魯
Peru

旅人忽略的角落——利馬貧民區

從中美回國後我和海產間開始了遠距離，異國的戀人總是努力抓握扁平的彼此，二維影像的清晰度由網速控制著、聲線讓播放器給壓縮、時間還被地球自轉分割，什麼用你的早安陪我吃晚餐這種浪漫都是假的。網路世界是如此，真實世界又被工作、金錢、假期給制約，當彼此能觸見真實的彼此時，週期大概就是一年。

所以 2019 年的祕魯之行其實始於我和海產的遠距見面會。而還在習慣海產突然變成 3D 的我，本來沒有預期這份際遇會看見令人揪心的真實。

祕魯首都利馬，是世界降雨量最少的城市之一，雖然不曉得氣候變遷的同時這規則還有沒有道理，但它屬於亞熱帶沙漠氣候。利馬（Lima）一字已分不清楚是源於安地斯山脈住民的艾瑪拉語（Aymararu）或是印加人的克丘亞語（Quechua）。殖民者倒是給它取了個響噹噹的名頭——Ciudad de los Reyes，意即「王者之城」。

利馬古城區是聯合國文化遺產之一，西班牙在殖民時期留下許多歷史建築，是著名的旅遊景點。身為拉美人的一員，即使西文還是有些不一樣，海產算是溝通無礙地拉著我搭公車融入當地人的生活、當個觀光客走訪古蹟，用照片和影片留下我們曾那麼努力走進彼此的烙印。

　　西班牙人的都市計畫都是由一個方形廣場網狀擴散組成，一如其他被殖民的城市一樣，我們很快就理解這常見的安排。舊城區的武器廣場（中央廣場）由總統府、主教堂、政府機構和商店圍繞，我們閒晃到公園 Alameda Chabuca Granda，才發現城牆另一頭的磚瓦都像蒙上了一層灰，遠端山頭上的各色房屋顯得狹小和擁擠，氣息很不一樣。

　　利馬鬧區竟與貧民區僅有一橋之隔，卻是旅人常忽略的角落。我鼓吹海產替我問問坐在牆沿休息的當地人，那是不是就是利馬的貧民區。

「貧民區？不算貧民區啦！」伯伯說。

「伯伯，那你從哪裡來？」

「我？我從很遠的地方來，從山的那一頭來。」他搖指著城牆的另一頭說。我才意識到問句的愚蠢，天哪！我剛剛指著他住的地方問那是不是貧民區！

幸好海產很會聊天，伯伯也很愛聊天，拉美人的天性越聊越遠、淡化那愚蠢的開場白。換作是我聊天，大概只會剩下內疚的尷尬。再多問幾個山頭的狀況，原來那一區叫做里馬（Rimac），也是屬於首都利馬（Lima）境內，差了一個字、差了開頭要多一個打舌音。

其實，還差了很多。

利馬最豪華的地段，應該是新城區米拉夫洛雷斯（Miraflores），豪華住宅區、大型購物商場林立、裝潢精緻的餐廳轉個彎就能看到；古蹟都在舊城區鬧區，旅人就在身旁，警衛一個街口就有兩個；但隔一道橋，就是灰濛濛的貧民區。

我們住在最精緻的新城區、逛古典的舊城區、眺望貧民區。伯伯不說，但差異其實很明顯。我想伯伯並不覺得自己是貧民，也或許他並不是，可能只是生活機能差了一點，但他還是很富足地過。畢竟物質不能代表富有。

也或許，貧窮只是富人給的標籤。

週末他穿上襪子，套上乾淨白皙的小白鞋，他說他每週末都會來這裡聽聽音樂、看看人群，等一下要透過大螢幕看智利和祕魯的足球賽。他的笑容有恬淡的知足，不是購物完的那種短暫的幸福，是享受生命的一種豁達。

伯伯和我們聊了很多，聊到了低薪和土地，聊到里馬的物價低了一些、聊到建造的房子材料也差了一點……

後來我了解到原來利馬最貧困的區域 Cantagallo 大多是由 Shipibo-Konibo 這支原在亞馬遜流域數一數二大的部落族人組成，1990 年代遷移到這荒涼、夾縫在薰臭的里馬河和喧囂的高速公路間，用簡單的木片築起新巢過起他們有音樂、傳統藝術的小日子。二〇一六年，無情的大火吞噬了四百多處族人的臨時住宅，山頭一片野火燎原，那些木板、篷布的建材在離總統府僅 20 分鐘路程的荒地上發著火光，那是上天的落井下石、是他們的雪上加霜。無奈的是政府並沒有撫平這些傷痛，換過的幾任總統只開下會安頓他們的空頭支票，這種不會實現的希望更是加深他們的絕望。

利馬南部的郊區也有貧民的存在，更諷刺的是他們造了一道牆阻隔富人區和窮人區。只要搜尋 Wall Of Shame 羞恥牆就能看到相關的照片，從 Google 地圖看，發達的市區和機能匱乏的山丘之間長長短短的十尺城牆覆蓋了整片地貌，防止窮人到富人區偷東西。西方媒體

說這是第二道柏林城牆，我倒覺得更像是川普加強的美墨邊界，只是這次是發生在一個國家內，的第一首都內。

　　王者之城，就像其他中南美經濟快速發展的城市一樣，成為世界上閃耀新星的同時，卻也面臨著貧富問題不斷地拉大。我望向不遠處聳立的總統府，當裡頭的上位者一面窗能看向熙來攘往的鬧區、另一面窗則能看向三分之一利馬大小的貧民區時，想的會是什麼呢？

海產和伯伯

　　一個下午的閒聊，伯伯得到了臺灣來的餅乾和異地人聊天的縮時感、我則褪去旅人的新鮮感，換來一種看透這座城市的現實感……

　　海產？海產嘴瘞吧。

　　一條橋，隔開了貧富之差，隔開了旅人看不見的黯淡角落。也有可能大腦的保護機制不讓人看見真實的傷痕，我差一點就錯過這些細節，差一點就少了一個層面的體會。

　　異國戀雖然辛苦卻多了許多旅遊機會，我本以為越是旅遊會越是自我，可是世界卻教會了我另一種生活、開啟了我另一種眼界。我看見不同的風景、和說著不同語言的人聊天、聽他們不一樣的生活、感受新的一種揪心、學習把心空一點給不是我周遭的世界。

　　我沒有變得越來越自我，因為我只能知足，只能用更感恩的心來面對每天。

印加帝國庫斯科

　　我們來到了海拔 3400 公尺的庫斯科，臺灣最高峰玉山是 3900 公尺，當時的印加人就在這裡創建了他們的太陽神帝國。一下飛機機場就提供一大盤古柯葉供遊客服用，沒吸過毒的我當然得趕緊嘗試一下！古柯葉的生物鹼也就是大家所熟知的毒品古柯鹼，但單純的古柯葉只含有非常微量的生物鹼並不是經數道程序純化精煉後的毒品，反而可以減緩高山症！安地斯山脈的原住民很早就就發現古柯葉的藥性並一直長伴他們的生活，直到現在。

一出機場就提供三片免費古柯葉，可直接嚼食也可泡茶

　　沒想到我一到下午還是頭痛的要命，勉力撐著在市中心逛幾間旅行社草草訂了日後的 tour 後就趕緊回 airbnb 灌幾杯濃濃的古柯茶就埋頭睡覺了。對的，古柯茶包或古柯糖在這裡隨處可得。幸好休息好隔天就又生龍活虎，來到庫斯科的朋友們還是要好好防範一下高山

症！準備好藥品在登機前一天就開始服用還是安全一點。

　　我們造訪時是十月，庫斯科氣候宜人早晚溫差大，早晨冷冽舒適因為時差我們一大早就到處覓食。街邊會有阿姨推著餐車賣著國民圓麵包夾蛋或肉，和一大壺熱咖啡或一大桶的紫玉米汁 Chicha Morada 供你選。好笑的事來了，一起買早餐的阿姨們頻頻找我們搭話，我西班牙文不好就算了，但以西語為母語的的海產用超懵的眼神對我說：「怎辦？我完全聽不懂他們在說什麼！」原來他被當成祕魯人，對方一直用方言跟他對談。

早餐攤的圓麵包，紫色一壺即是紫玉米汁

　　後來我們到庫斯科市中心，在武器廣場（Plaza de Armas）遇見一位晒著太陽的老太太，語言的祕密才有解。她說她以前是國小老

師，每天都會坐在那望著她以前教書的地方晒太陽，她和我們綿綿不絕的訴說著一些過往，像是很開心有人跟她聊天一樣。

她問我們從哪裡來。

她說當地的方言叫做克丘亞語 Quechua（音讀：給邱挖），不只庫斯科，祕魯其他地方也用但可能有些字不一樣，就像臺語在不同地方有不同腔調一樣。原來在印加帝國強盛之前，南美還有不少更早期的印地安文化，其中的克丘亞族裡的印加文明在一千兩百年漸漸強盛起來，所以也能說印加語就是克丘亞語，是曾經輝煌的印加帝國的官方語言。目前也被多祕魯、厄瓜多和玻利維亞認證為官方語言，只是沒有文字型態且各國的語系差異又更大。其中像古柯 Coca（音讀：摳卡）、羊駝 llama（音讀：鴨嘛）和藜麥 Quinoa（音讀：kino 阿）都是由克丘亞語音譯而來。知名運動品牌迪卡儂更是以 Quechua 為名打造了一支登山品牌，來致敬驍勇於安地斯山脈的族人。

她問我們從哪裡來。

她指著庫斯科主教座堂（Catedral del Cusco）說隔天有彌撒，八點前進去不收費喲！記得說你們來聽彌撒而且是當地人喔！我們順著她指著的方向望著這座庫斯科第一座基督教堂，而它是西班牙人入侵後為了維護自己的一神信仰，強勢以印加王宮為基礎改建成天主教堂。有些教堂地基還隱約可見印加文明引以為傲的建築技術——巨石無縫堆砌，但上方是巴洛克式的華麗高塔。

庫斯科的武器廣場

　　印加人信奉太陽神印蒂（Inti），而印加帝國相傳爲太陽神之子曼科・卡帕克（Manco Cápac）以庫斯科爲發源地所建立，所以庫斯科在克丘亞語 Qusqu 有肚臍之意他們相信這裡是宇宙的中心，不過這都只是由克丘亞語口耳相傳下來的神話故事，而爲了紀念他，武器廣場中央仍可見他的雕像正遙指著他曾經的帝國。

　　然後她又問了我們從哪裡來。

　　再回覆了她同樣的問題幾遍之後，我和海產了然於心默契地相望什麼都沒提。老太太只是靜靜晒著太陽，望著那些曾經。可能有時遇見像海產一樣以爲全世界都是他好朋友的人聊上幾句，但大多時候她

就只是在那裡，望著美景、想著曾經。而她的曾經，有沒有包含印加人那些驍勇善戰的故事呢？

廣場遇到的老太太，噴泉上設立即是太陽神之子曼科‧卡帕克 Manco Cãpac

　　庫斯科的武器廣場當時是印加帝國的軍政要處，戰無不勝的他們以庫斯科為中心向外擴張出了便捷的交通網絡，最長甚至可從哥倫比亞開始經過現今的厄瓜多、祕魯、玻利維亞到阿根廷，幾乎貫穿了整個南美的安地斯山脈，另一條海線可以從厄瓜多向南到智利中部。當中又設有驛站，傳訊的方式就是接力一般跑完全程，我本來不相信靠跑步能有多迅速，但爬完馬丘比丘吃力踩過那和身高不合人工比例的大岩塊階梯，我才認真相信印加人體力有多好、肺有多大顆。

　　何國世老師的著作祕魯史當中提到，印加僅有 12 位記載的國王，

且是世襲制，另外他們的作戰技術擅長持久消耗戰，包圍使敵人斷水斷糧以求饒，不燒殺掠奪，甚至會憐憫婦幼給予飯食。這是不是又是勝利者寫的歷史偏差就不多討論。另一點有趣的部份是即使盛產金礦，他們卻沒有貨幣，因為他們採計畫經濟制度，只有在庫斯科的貴族享有奢侈品，而平民能獲得溫飽的食品和生活用品。他們到底有多少金礦呢？最後一任印加王為了自由付了能堆滿 6 公尺長、5 公尺寬、3 公尺高的囚牢（相當於 10 坪 3 公尺高的房間）的金銀珠寶當贖金，但最後還是被西班牙入侵者法蘭西斯克・皮薩羅 Francisco Pizarro（墨西哥入侵者柯爾斯特的堂弟）給撕票……。

　　總之，即使朝代更迭，庫斯科作為太陽帝國從開國到征服祕魯輝煌了 300 年，還是留下不少令人驚嘆的遺蹟和故事。

庫斯科傳統市集的驚奇

我最愛逛的地方之一，非當地的傳統市集莫屬。離開武器廣場，只要步行 8 分鐘就可以到庫斯科的 San Pedro 市集，這裡好像被時尚玩家和部落客宣傳的很有名來就是要喝青蛙汁，但是青蛙要去門口的攤販買來給果汁店老闆搾，果汁店是沒有賣的。青蛙果汁的功用據說是壯陽，我們訪問當地人也是幾乎沒人在喝，看來比較像是地下電臺的等級。青蛙是淡水兩棲，寄生蟲之多樣不是海洋中只有的海獸胃線蟲 Anisakis 可以比擬的，大家真的不要生食淡水的河鮮或湖鮮。曾飽受寄生蟲學摧殘的學生在此敬告大家這只是電視節目的噱頭！倒是市集外頭的吉拿棒一定要吃一下，我們跟一位帶著墨鏡的盲人叔叔買的，吉拿棒溫熱地灌了巧克力內餡一口咬下酥脆又香甜！

七彩農產品區

市集琳瑯滿目，特別是農產品五穀雜糧，單一個玉米種類就多到眼花撩亂！白的、紅的、紫的、黃的、黑的甚至玉米粒比指甲還大的，七彩到都要唱起許哲珮的汽球叫賣，難怪印加人會信奉玉米神。祕魯的紫玉米則最常被拿來做紫玉米汁 Chicha Morada（音讀：妻恰摸拉達）。而其中最常拿來食用的是像糯米玉米但玉米粒更飽滿的品種 Choclo（音讀：邱可囉），夾一片起司就超好吃！一般在拉美國家中玉米被稱作 Maiz（音讀：馬意 Z），但在祕魯 Choclo 反而成為了玉米的代稱。

　　馬鈴薯種類更多！它是在南美被印加人馴化而發揚光大，據說一開始的馬鈴薯只有拇指大小，而根據統計單就祕魯的馬鈴薯基因庫就多達近近五千種，而它更因應了極端氣候是南美洲人的主食有著極為崇高的地位。如果在庫斯科參加 tour，其中一個點就是 Moray（音讀：摸辣以），我稱它為印加人的農業培育場所，遠看像麥田圈一樣一圈圈的構造，近看是一個個圓形的梯田，由內向外同心圓式地增高。他們在每一階中都塗抹石灰蓄熱外層再用石頭堆砌，這樣可以導致每一階的溫差都是 0.5 度，由內到外、低到高逐漸降溫，藉此來測試作物的生長條件，且是有考慮向光程度、風向和灌溉排水的，已經是一個非常大型的戶外溫室。

乾燥馬鈴薯

　　印加人的農業技術非常優秀，甚至在參訪遺蹟的時候都會看到穀

倉，印加除了會把農產品分給子民外，他們還利用早晚溫差大的特性冷凍乾燥馬鈴薯來儲藏糧食！傳統的羊頭湯除了真的會給你羊頭外，配菜就有白色乾燥冷凍的馬鈴薯 Moraya（音讀：摸拉亞），第一次吃到時完全不知是為何物，在口腔裡細細咀嚼沒有體會過的食感，很特別像竹笙和菜頭的混合體倒是沒有太多馬鈴薯的味道。另外藜麥、尾穗莧還有各種我唸不出名字的豆類也是品種繁多，而且都是五彩繽紛的！

驚奇水果區

祕魯不只穀物多樣水果也是，而且還各個都長得奇奇怪怪沒見過也沒吃過！連最平常的木瓜都長得讓我快要不認識！真的是直徑 45公分的瑜珈球了，無比巨大這到底是品種不同還是雨林生態營養豐富才灌溉得出？切開一看比臺灣的木瓜果肉顏色再淺亮一點，滋味也較不甜，幾乎都是打果汁喝。

　　從果汁區到水果攤位，看到更多沒看過的品種，從水果大國臺灣來的我，本只想帶點維生素和纖維質回住處補充旅行中的營養不均，根本沒預期會看到這麼多奇怪的形體。第一眼吸引到我的是圓形有橘色番茄外皮的水果，它的產量理所當然的占據了 C 位，每一顆光滑橘色寶石的頂端連帶著枯葉形的花托（還是那根本是葉子？）有種優雅的氛圍，問了攤位婆婆，原來這叫做 aguaymanto（音讀：阿瓜與曼朵）連名字也很文藝電影的感覺，似乎臺灣野外也找得到叫做燈籠果。我期待不已地咬了一口，沒想到咬下後才令我大為吃驚！我幻想它會有類似番茄的酸甜感，但這根本是番茄和橘子的合體！阿瓜與曼朵的一圈外皮就像是番茄皮的組織，但內心則是橘子的纖維口感，充滿著果汁！阿瓜與曼朵是祕魯很常見的水果，它也常常被作成果乾，甚至會當作巧克力的內餡。

阿瓜與曼朵的一圈外皮就像是番茄皮的組織，但內心則是橘子的纖維口感

　　不知道大家是否有吃過手指蕉？臺灣是香蕉大國，香蕉種類超豐富，在祕魯我是沒看到這麼多種的香蕉，但有一種水果，手指蕉的外表剝開後內裡是百香果！這個讓我驚訝到下巴掉下來的特殊水果，叫做 Tumbo（音讀：吞剝）。我覺得很適合它，因為果肉裡的籽咬開會苦，所以剝開直接吞，就是吞剝（天哪我居然可以把西文瞎掰成中文意境）。吞剝的外皮是鵝黃色，摸起來就是手指蕉有些絨呢的質感，但是剝開後一切就和想像的不一樣了，內裡是一顆顆橘色像百香果的籽連著繫帶包裹在白囊內，若不是親眼見證只看到網路影片我會覺得這是什麼最新的剪輯詐騙手法吧！吞了一口，氣味倒不是很像百香果，有點桃子的香氣，口味挺酸的，我很喜歡。婆婆說以前印加人會拿這個當作檸檬的替代品，檸檬原產地在東南亞是之後才傳到拉美，婆婆這話我信。

tumbo 的鵝黃外皮和似百香果的內裡

　　另外還有仙人掌果實，這倒是不用到祕魯或其他拉美國家，澎湖就有，酸甜的紅色果實很常被做冰沙或飲品，只是祕魯的仙人掌果實好像又比我在墨西哥看到得大。沒看過的還有黃色外皮的火龍果，整顆手掌大小而已但切開就像白色火龍果一樣的質地，只是籽大了許多散布在果肉裡，不若常吃的紅白火龍果肉厚籽細倒是多汁清甜。查了一下火龍果的原產地的確在拉美，難道這一款黃色的是原生種？！

籽大的黃色火龍果

　　是因為祕魯有一大部分的雨林才造就這些特殊的水果嗎？但果然不能小看雨林生態造就的物種多樣性，雖然我不知道這些水果的產地是否是在雨林，但光一個市集就讓我大開眼界成這副德性，地球的肺裡頭各種驚奇肯定更不會讓我失望的吧！

怪奇飲品區

　　第一段有提到祕魯的紫玉米會被拿來做紫玉米汁 Chicha Morada：把紫玉米與菠蘿、丁香和肉桂一起煮開後加入糖和檸檬或

蘋果調味，滋味類似淡一點的洛神花茶，也能釀成酒或加酒作成酒精版的。在利馬街頭也很常看到紫玉米和焦糖味的雙色或再加原味的三色米布丁，奶味米布丁配上甜口的紫玉米味很是絕配。

三色米布丁

　　但在庫斯科街頭我比較常看到另一種飲料，攤販會推著餐車在石板街上流動，通常看到餐車上有一大桶鐵桶，旁邊有各種調味用的玻璃瓶就是了。市集裡也有賣，逛累了找一家飲料店坐下來，品嘗一杯道地手搖飲料——它就是庫斯科的青草茶 emoliente（音讀：欸摸哩安爹），店家阿姨熟練地這裡舀一點那裡舀一點，像拉茶師傅一樣加到杯子裡互相混合，還沒搞清楚加了什麼一杯完美比例就端到你眼前。大致的配方有馬尾草、大麥和亞麻仁籽等熬製，可以混紫玉米汁或加檸檬或糖等各種調味，亞麻仁籽帶給它黏稠的質地，像在喝清爽

的萊姆汁。這青草茶有退火顧腸胃之功效，我自己是很喜歡，比臺灣苦口的青草茶好喝太多。

庫斯科的青草茶 emoliente

　　飲料店也是點心店，除了各種飲料，還有各種加了色素的果凍，和上面有脆糖片的布丁，這些我倒是沒試，因為另一杯飲料裝在玻璃杯裡棕色 Q 彈的質地入了我眼，接下來一對母女前來各點了一杯吃了起來。好奇如我當然要一探究竟，一問之下才發現這竟是牛腳膠！攀談之下才知道作為女兒的姊姊之前膝蓋曾受過傷，吃了各種保健食品和找醫生都沒有用，別人告訴她試試看牛腳膠後她連吃了一個月沒想到真的好很多！

　　我和海產也點了一杯來試試，沒想到這有加糖是甜的，還有種淡淡魚腥味，很奇妙但絕對稱不上好吃。姊姊說她一開始也覺得不好吃，但是因為她需要它所以就漸漸習慣了，現在即使膝蓋好了但只要來市集都會帶著媽媽一起來吃。雖然沒有醫學實證，但可以理解為這

一杯就是所謂的動物性膠原蛋白。很感謝姐姐和我們分享她的故事讓身為旅人的我們更了解當地的飲食文化，即便特殊，每種飲食背後都有人的需要。

　　沒想到全球化後即使各式飲食在臺灣廣為流行，我還是能在祕魯體會到這麼多驚喜！

薩滿與那些迷幻草本

　　延續上一篇的市集之旅，當天還看到稽查員來稽查，應該是衛生部門的來考察說起司的包裝爲避免腐敗有待改進。逛完眼花撩亂的市集也休息夠了，得買紀念品回去分送親友。紀念品攤也是琳瑯滿目，各種糖果點心、花樣鮮豔的織品或是馬克杯鑰匙圈等裝飾品。我們最後在一家販賣咖啡豆和巧克力的攤位前選購，一次買齊也能壓低價格。

　　選了幾包有機咖啡豆，還有各種口味的巧克力，除了提過的阿瓜與曼朵果乾巧克力，也有藜麥和尾穗莧 Kiwicha（音讀：kiwi 洽）口味，藜麥大家比較不陌生，尾穗莧也是類似的穀物也有點像小米，他們都被聯合國視爲未來終結飢荒的「希望之糧」。總之大手筆一次買齊後，我在旁逗弄著別人的小孩，或許覺得海產一臉毒梟樣，店員居然拿出了……迷幻草粉末……

　　「1.5 匙加上蘇打水就能見到上帝喔！」她嘿嘿嘿姨母笑地說著。（好啦她說這句話的時候應該表情沒有那麼猥瑣。）

　　那是一包密封完全、正經包裝寫上蘆薈還貼著繪有蘆薈圖騰的綠色粉末，怎麼看都不是她介紹的那種不正經的東西。我瞪大眼問她：「但這是蘆薈 Aloe 耶！怎麼有辦法見上帝？」

　　我一問出來只見她和海產笑我沒見過世面的樣子，當然是假的包

裝阿！我繼續瞪大眼：「假的包裝！剛剛那個衛生部的稽查員才走過耶！」

「噓！」他們異口同聲。

稽查員來稽查

我本來以爲這是曾經在旅遊圈紅極一時的死藤水，但原來綠色粉末是來自 San Pedro 聖佩德羅仙人掌，沒錯跟這市集同名。如果你有聽說過死藤水可以帶你看見前世今生，那你大概可以同理這仙人掌也是具同樣的功用和地位。只不過死藤水是複方，是死藤和多種植物一起熬煮的，很靠薩滿的經驗拿捏，不是像 San pedro 是單一種植物。我是不知道有沒有比較安全，但好像蠻多外國人都會偷買回去的……。

死藤水在幾年前有過不少報導，不少旅人前去嘗試，聖佩德羅也是薩滿用來達到類似效果的草藥之一，卻鮮少人提及他。我覺得會嘗

試迷幻草藥來得到解答的,都是相信生命源泉的人,所以這來自大自然的植物讓你暈眩、讓你做夢、讓你的生命給你解答。

說到底,這些藥理成分都是植物的生物鹼 alkaloids。相當佩服祕魯或是薩滿的智慧,比方說最基本的咖啡因、古柯葉中的古柯鹼,或是我們服用的中草藥等,都是大自然的藥性。世界如此廣闊,而雨林孕育出如此豐富的物種,果子、穀物、藥草,薩滿在世代傳承中學習了這些祖輩們的經驗,是各個部落最純粹的信仰和醫療體系。我可以想像在薩滿帶領時的過程,喝下最原始的迷幻藥後,那種純粹在意識和夢交融時迸發,相信生命所引領你的層次,讓你在光裡頭感受真理、平靜.....。

不過我沒喝過,也沒買過。

背包客把這些經歷寫得浪漫或呈現得像一場冒險,但為了更瞭解死藤水在當地人心中的想法,某次吃飯和當地人併桌,就開始了一場訪問。他是一位篤信薩滿的當地導遊。

我們用您有聽過死藤水嗎?這話題當開端,一開始他還覺得我們是來找樂子的,畢竟他說有些外地人試了死藤水後就死了,死藤水現在聲名可不算好。頗有點警告我們這些無知遊客的意味。

我們緊追著問:「死了?」

他才緩緩說:「死藤水這個儀式需要淨身,也不能服用任何藥物,那些外國人不懂這些還對薩滿撒謊沒有使用過藥物,就因此在儀式中

發生意外。」

「那你有試過嗎？我們只是有聽說過死藤水，所以想要聽聽看當地人的意見而已。」趕緊表明自己和無知想任意嘗試的遊客不同。

看得出他鬆懈了下來：「我是沒有試過。」他聳肩。

「為什麼？你不相信薩滿？還是擔心出意外？」

「我自己有一個固定的薩滿，也不是擔心出意外，但是你要知道，喝下死藤水後，什麼事都有可能會發生！而且薩滿很重要，如果在儀式期間他要對你做什麼不好的事情你可能都不會有印象。」

所以說死藤水可以當 FM2 使用？我按捺住內心 OS 繼續追問：「那你是還對你自己的薩滿不信任所以才不試的嗎？」

「不是，我很相信他，只不過他是女的，我怕我喝下死藤水後亂脫褲子事後我會很尷尬。」

我們一起哈哈大笑後氣氛好多了，停下嚼了幾根薯條又繼續話題。

「那你有朋友試過嗎？」

「嗯……有朋友試過，但也沒有很多人試過，每個人的狀況不一

樣，但真的有人大小便失禁……。」

偽裝成蘆薈的迷幻草本粉末

　　看來死藤水是給那些內心十分糾結或萬般想嘗試的人，像我們這種過一天是一天的軟爛性格還是算了。我們和導遊說笑著。

　　一頓飯的光景讓我覺得雖然都是迷幻藥，也就算藥理一樣都是Ｄ ＭＴ（全名 N,N-Dimethyltryptamine 是一種色胺類致幻劑），但我再也不覺得這跟嗑藥是一樣的。死藤水或聖佩德羅甚至其他菇類的這些迷幻草本，在拉美畢竟都還是個莊重的儀式引領你用敬畏虔誠的心去感受生命。並且就像導遊所說的，非常仰賴薩滿主導，不是自主意識單純地求樂。對篤信薩滿文化的他們，這過程是一種治癒。

　　世界憑心生，自然給你的，端看你怎麼用。就像古柯葉可以幫助高山症，但也可以浩浩蕩蕩開啓拉美磅礴的毒梟紀元。

馬丘比丘前哨站

　　我們拜訪新世界奇景之一的馬丘比丘的前一天剛好是祕魯大選之日。當天要選區長、縣市議員代表以及市長，地區的投票所都大排長龍。再前一晚 airbnb 主人的朋友來訪，他是因爲要回來投票而從利馬回到庫斯科，不然他是在利馬工作的。我們訝異這裡的人對選舉權是多麼的熱衷，沒想到一問之下才發現在這裡投票是必須的！你不投票政府就依你的身家罰款！朋友說他的機票錢都比罰款便宜，就回來一趟見見老友，聊天玩桌遊。

　　選舉當天我們是有行程的，卻因司機必須排隊投票而延宕兩小時，難怪很多旅行社選舉當天不發車。那夜順著旅途我們宿歐堰臺 Ollantaytambo（音讀：毆樣逮但 bo）一晚，是旅人前往馬丘比丘的中繼站，大家俗稱 O 鎮。O 鎮其實也有一座規模不比馬丘比丘小的印加遺跡，但因座落於山谷，當初西班牙人打著殖民的旗幟一舉入侵，便順著建立好的印加交通網絡穿梭於河谷攻下這裡。但得歸於 O 鎮，他們以爲這是印加人的最終歸依，才沒繼續攻下馬丘比丘得以讓這失落之城完整的保留。

　　傍晚我們到訪，整個小鎮充滿一種歡快熱情的喧嘩，當地人著傳統服飾群聚聊天，有些看起來是久未歸的當地人，聊著離鄉後的成就與心酸。我們到達時投票應該已經結束，小鎮的人各個舉杯歡慶，婦女著傳統服飾互相問候、鄉人風塵僕僕歸來停不止的寒暄，和受氣氛感染而雀躍的孩子們天眞的打鬧著。祕魯人的選舉影響著每個角落，

讓鄉人有必須重聚的理由。

歸人著正式服裝在 o 鎮的廣場聊天

　　夜晚我們闖進一個當地的酒吧，遠離鎮中心充滿旅人的地方，當地的酒吧只有當地人，純樸卻又龍蛇混雜，讓我想起了魔戒裡的場景。入口的門小小的，不是擅闖進去還以為是某人的家，裡面放著他們熟悉的有些年代的音樂，大家喝著啤酒交談著。

　　「因為選贏了所以慶祝嗎？」我問。

　　「無關誰選上，選舉本身就值得慶祝阿！」唯一會說英文的歸人說。

　　聽他暢談印加人的傳奇，說印加傳奇帝王——Pachakutiq（音讀：怕洽哭體）有二百個妻子四百多名小孩，他就是他的後裔！他說印加人在山林能以時速 200 公里翻山越嶺，西班牙人來時只能高山症發作……嗯……他醉得很徹底了！我和海產交換了眼神。但身為這個國家的一份子，印加文化令他們有一番風骨，那高傲之氣即使印加不再輝煌但這份驕傲仍存在 O 鎮人民的心裡。

從庫斯科出發的景點

　　傳奇帝王 Pachakutiq 是印加第九任君王，這時期的印加帝國來到版圖最大也最強盛的時代，地位相當於唐朝的唐太宗，他或戰贏或遊說了各個部落加入，使得印加在此時達到最鼎盛的時期，也因為要餵飽和安置這些新的子民，他大興土木和農耕，許多工程像是印加溫室 Moray 和各種據點包含 Pisac 皮薩克鎮、O 鎮和馬丘比丘，都被相信是在這位君王領導下所完成。

　　Ollantaytambo 其實是由兩個字組成，並有一段傳說：tambo 就是驛站的意思，而 ollantay 相傳是印加猛將之一。自古英雄愛美人，他愛上了 Pachakutiq 的女兒，但是不是皇室成員是不被允許娶公主的啊！所以這就變成一段祕密的地下戀情，不久後公主就生了他的女兒，於是他開口要求印加王讓他們在一起，結果印加王大怒！把他驅逐還把公主軟禁。當時 Ollantay 其實已經和印加王反目要起兵準備造反了，幸好新王繼位，就准了這段婚事，Ollantay 才得以和他的愛人和女兒重逢。

　　爬上整個 O 鎮，會感受到印加人對這個要塞的重視，大型工整的石牆所堆砌出的太陽神廟（Templo Del Sol），和引流 Urubamba 河（音讀：烏魯班巴）進來灌溉的水渠和儲藏食物的穀倉。但其實也是依前一個部族的要塞進行改建，所以仍有一些印加前遺跡的影子；歷史總是相似的。印加要塞是沿著 sacred Valley 聖谷而建，其實就是 Urubamba 河谷，參加旅行團可以從庫斯科出發參觀各個要塞。

　　從印加的遺跡也能看出他們對圖像的堅持，像 Pisac 皮薩克鎮除了必逛的傳統市集，當地印加遺跡所遺留下的梯田，居然是依

Condor 兀鷲之形而建。O 鎮的遺跡也不例外，遠觀層層疊疊的梯田遺跡，是兩隻羊駝媽媽帶著小孩的樣子而建，並且所有設施都不馬虎：太陽神廟得建在羊駝媽媽的頭頂，水利系統和穀倉都建在後半部象徵泌尿和生殖系統。若站在 O 鎮的高點往對店面的山頭看，除了有穀倉外還刻有印加王的臉，非常栩栩如生。

La montagne du Condor et le village de *Pisac*.

Représentation artistique des caractéristiques de ce monument. Observez comment les terrasses et la montagne forment la figure d'un condor.

Pisac 依兀鷲外型而建，圖為翻攝導遊的書

印加王的臉被刻在山上（箭頭處），圖中右有穀倉，穀倉左旁有印加創世神維拉科查 Viracocha 的雕刻

　　O 鎮還有令人讚嘆的一點就是工匠技術實在太好了，除了堆砌的石縫毫無縫隙外，遺址如今還散落一些切割完整的大石塊，似乎代表當時仍有些部分的建築尚未完成。考古學者已經證實這些大石塊有些並不屬於這個河谷，而是從不同的山區所運來，雖然如何將這些建材搬運過來仍未有定論，但已經知道即使是幾噸的石頭都能夠從各地取得，可見當時印加人的交通要道已經建構得十分完整。難怪這裡的村民都如此以印加人為傲。

　　夜漸深，小酒館的老闆娘算著酒瓶蓋入帳，所有來此地的鄉民都像是熟悉的家人，我和大家雖然語言不通，他們說著印加人的語言克丘亞語，我卻覺得十分溫馨像被這個大家庭接受了那樣。隔天要趕前往熱水鎮的火車，我們在深夜前擁抱告別，那夜我們的身體因著酒精暖暖的，心也因為這裡樸實和藹的人暖暖地入睡。

O 鎮小酒館

參加 tour 能到的 Maras 高山鹽田

攻頂華納比丘

聖谷的最後一個印加遺跡，就是馬丘比丘了，位於熱水鎮。O 鎮到熱水鎮唯一的交通就是火車，我們清晨趕著第一班的火車往熱水鎮。祕魯的食宿十分平價，但是關於馬丘比丘的一切包含門票和火車票，真的是坐地起價不愧是祕魯的金雞母，而且因為太有名吸引了世界各地的人前來，若是想感受火車之旅和選好進馬丘比丘的時段，最好半年前就先上網買好票以免向隅。雖然火車票十分昂貴，但內裝也十分的豪華，通透的設計能看清一路上的風景，而火車上的旅人也都因為即將蒞臨馬丘比丘而難掩興奮，親切地互相交談。

抵達熱水鎮後得轉巴士上山抵達馬丘比丘入口。本來以為馬丘比丘就是一個遺落在山間的印加遺跡，所以西班牙人當初並沒有發現它才得以完全的保存下來。看完了紀錄片才知道，馬丘比丘比起要塞，更像是當時印加王和貴族的行宮，並不是一個印加人常駐的據點，所以僅發現少許遺骨被判斷是當初維持環境的子民，西班牙入侵後這座行宮便不再有人前往。據說當地人一直知曉這祕境，但直到 1900 年後這座「失落的印加城市」才逐漸被探險家和考古學家出書發表和媒體渲染而聞名於世。

馬丘比丘也如其他遺址一樣有許多神聖的區域，除了有太陽神廟還有栓日石，栓日石即是一顆巨大的石柱像日晷的功用，藉由影子判斷時間，而太陽神廟中據說只有在南半球 6 月 21 日的冬至這天陽光會直射在神壇上。甚至還有其他遺址沒看過的兀鷲神廟，僅是用巨石

擬出兩片翅膀，而神廟便建在兀鷲背上，十分絕妙。另外也能在聖殿的地上發現土造的水盤，盈滿水後就好似鏡子在夜晚可以反映著天上的月亮和星星。

　　然而最令人讚嘆的還是整個天空之城建在這遺世獨立的荒野之中，而馬丘比丘的背景便是印加人倒仰的臉孔，有如沉睡的巨人守護著林中荒島，在克丘亞語中，馬丘比丘即是古老的山之意。自然的鬼斧神工眞的要親臨才能感受到，而山川遠闊中夢幻的失落之城便在雲海消散後漸漸清晰。偶有羊駝咀嚼著地上的草，爲這荒島帶來一股生機和閒情。

　　我們選擇不只造訪馬丘比丘，還決定攻頂印加人的鷹鉤鼻，也就是華納比丘。但此行根本逼死我這個弱雞，階梯石頭超陡峭又超大

塊，每跨上一步我小心臟的輸出就爆表了，建造時根本沒替短腿的人著想啊！後來我全靠意志力攻頂跟下山。我一直記恨印加人為何可以如此順利的穿梭在海拔高聳的山間，還硬要砌上和身高不成比例的石階，還把房子蓋那麼高，更讓我相信印加人的肺肯定比常人大顆的醫學假說。

而此行的目的是因為在華納比丘的山頂能看見不一樣的風景，切實感受到不一樣的印加文化。印加人認為兀鷲代表天上，美洲豹代表人間，蛇則代表陰間。從印加人的鼻子往下看馬丘比丘城邦，反轉一百八十度，居然是一隻兀鷲！為了這隻兀鷲我回程腳都在抖，真心感謝我的膝蓋和股四頭肌以及其他副肌群，每往下一步我都能感受到它們承載了我所有的重量，才不至於讓我往下墜。因為真的有人在此失足喪命，爬華納比丘可是要簽上生死契的。

其實對平時有在運動訓練的人攻頂應是不太難的，當然如果你跟我一樣廢，那還要有一隻好的駝獸幫你背所有家當，和一隻導盲犬在你怕的要死時拉你一把，謝謝海產兩者兼具。美中不足遊客太多，有些建築和道路修復得很差，而且這塊祕魯政府的金礦每年正因到訪遊客太多而下陷中，希望政府能將收來的門票好好維持這世界新奇景，讓這裡能得到更妥善的照顧。

回到熱水鎮後飽餐了一頓便回民宿休息了，馬丘比丘真的是很有靈性的奇景，爬完後即使身體勞累，內心卻充滿能量，腦袋也充滿著想法。晚上我們挑了一間戶外的餐廳，聽著 Urubamba 河的滔滔聲享用從河中撈起製作的祕魯名菜醃生魚 Ceviche（音讀：say V 切）。

從臺灣出發前差一點就被颱風干擾卻讓我逃過了，餐廳服務生也說我們很幸運，熱水鎮已經接連下雨好幾天，河水湍急，但我們造訪馬丘比丘當天卻是晴朗的！而隔天要離開時，又悄悄下起了雨。

從華納比丘看馬丘比丘會發現倒轉 180 度後馬丘比丘是依 condor 而建

　　來馬丘比丘的路除了行經河谷造訪 O 鎮的這條道路外，也能從庫斯科走山路，或是坐車或參加聖谷團爬山露營到熱水鎮。回程我們就是走的這一條山路，不跟登山團的旅人路徑得沿著鐵軌走上一段路到 Hidroeléctrica 水力發電廠，才有車能回庫斯科。回程的走鐵軌之旅，和海產聊了一整路，用無盡的話題敬這段美景，偶爾得退到邊緣讓火車行經。我們的話題從家人工作到國際議題，所有的現實感都被悄悄治癒，若問我到馬丘比丘喜歡坐火車還是走路，我還真答不出來。火車和旅人談天的寫意，走鐵軌那麼親密的談話時光，都很美好吧！

前往馬丘比丘 tips:
1. 預算充足可以直搭火車到熱水鎮，坐巴士上馬丘比丘
2. 時間充足可以參加聖谷團爬山露營到熱水鎮，看旅人的遊記廚師還會跟行煮飯給大家吃
3. Mix 版拼車＋走路＋火車，怎麼配都可以但是要記得歐堰台到熱水鎮只有火車選項，要坐車要到水力發電廠，水力發電廠到熱水鎮約步行一個半小時
4. 熱水鎮到馬丘比丘可坐巴士也可沿公路走上去

　　最後走到 Hidroeléctrica 水力發電廠，就會有人問你要不要拼車回庫斯科，此地僅有攤販賣著簡單的零食，餐廳印象中也沒幾家，建議帶足糧食和水因為車行 6 小時。雖比火車便宜太多但沿路顛簸不堪，連我都有點暈車，奉勸旅人備好藥品以防萬一。有趣的是因為大選剛結束，許多歸鄉的旅人根本是徹夜喝酒暢聊不停，途中還有醉到無意識被老婆還是媽媽丟包上車的，可見是隔天還得上工工作，今天再怎麼樣都得回市區。車子一開他毫無反射能力就東倒西歪跌進車後座裡，發出「噢」的叱痛聲，但路上顛簸司機也沒為了他停下，乘客自顧不暇無人拉他一把，沒想到一分鐘後他濃厚的鼾聲傳來，整車都笑了。司機大概就是見怪不怪才沒為了他慢下速度的，真的是我從沒見過的風景，又心酸又好笑，這種純樸接地氣的感覺實在太可愛了！

走到 Hidroel é ctrica 水力發電廠的路途

利馬唐人街沒有華人

　　利馬唐人街的牌樓燙金的寫著天下爲公，穿過後會發現儼然來到一個超大型的批發市集，複雜到幾乎像是迷宮一樣，往往走進一個小小的門後才會發現內部之大、商品琳瑯滿目。作爲旅人我們只能死守著主要幹道，怕一不小心就誤入了叢林；只有專業的零售小販知道哪裡有最實惠的價格，也只有他們能恣意穿梭其中不被這座大型迷宮給迷惑。

　　有趣的是街上鮮見亞洲面孔，即便是 Chifa 餐廳（廣東話吃飯之意，已變成拉美的中式餐點代名詞）外頭招呼的都是拉美人。Chifa一家又一家，活生生聚集經濟的例子，我們隨意挑了一家就走了進去，意外地看到了其中一位員工是華人，或許我看到了她、而她也看到了我，親切地過來寒暄和推薦餐點。

　　祕魯的中菜已經融入當地我是知道的，但看著眼前的點心籠送上來，揭籠的蒸氣騰騰逸散在喧嘩聲有點大的空氣中，我小心翼翼地夾起外皮透著粉嫩內裡的蝦餃送入口，咬下時那種道地的美味還是超出了我的期待，有點感動在南美洲還能吃到粵菜，甚至比臺灣的點心店做得都要好。

　　半飽之時我才留心望了望其他桌的菜色，餐廳高朋滿座卻只有我一個亞洲人、而在他們之中也只有我點的是點心，其他祕魯人的桌上是一盤盤分量多到不行的炒飯澆上糖醋肉或是炸雞，就是那些西方經

典中菜的代表，而祕魯的主食除了代表性的馬鈴薯和玉米，米飯更是缺少不了，飲食也是我造訪幾個拉美國家中，口味最接近華人的。

而這得從十九世紀說起。

當時的舊帝國主義沒落、黑奴制被廢除，然而拉美各國正處於仍需大量人力的階段，加上清朝晚期內憂外患不斷農民難以生存，西方於是提供這些華人「出國工作」的機會開啟了長達半世紀的苦力貿易。新帝國主義崛起，鴉片戰爭後列國瓜分中國並要求開放口岸，強權開始從中國東南沿海如澳門、香港、汕頭和廣州等地設置招工館進行人口販運，出售這些華工並從中汲取暴利。

招工館被叫做豬仔館，人口販子拐騙甚至擄掠當地人，強迫華工簽下一紙不平等的工作合約並在他們胸前烙上表示著目的地的印記。於是華人就成了替補黑奴的豬仔們——蓋章、做記號後趕進籠裡紛紛被運往美國、巴西、墨西哥、祕魯和古巴等地。以拉美來說，運往古巴和祕魯的占大多數。這些豬仔除了得忍受超載幾乎無伸展空間的長途航行，還得扛住疫病、飲食飲水不足和凌辱的管教。以去祕魯的苦力船為例，華工在行程中的死亡率高達三分之一。

好不容易撐過驚險的航行，除了賣命勞動外又得忍受極端殘酷的虐待，古巴華工的勞動壽命平均只有 5 年，死亡率高達 75％。又一例，1860 年運往祕魯欽查群島（Islas Chincha）挖鳥糞的 4000 名苦力，幾乎全遭慘死。表面上是出國工作的契約華工，實際則有如牲畜般不如，疫病、虐待致死或自殺如此令人義憤難平之憾事層出不窮。

被運到西屬古巴的華工接替了黑奴的勞力多被賣至蔗園或製糖廠，在刀槍和鞭子底下工作，而殖民者甚至利用同是中國輸出的鴉片控制著他們，每當了解到這，我都有種這就是現今詐騙集團或黑幫應召站控制成員的既視感。終於這樣的暴行引起古巴華工種種的反擊，且爲了平等自由的口號加入了古巴獨立戰爭，又因他們英勇和犧牲使得標語「古巴的中國人無逃兵，古巴的中國人無叛徒。」長存於哈瓦那的紀念碑下。即使日後因美國的經濟制裁大多的華人都出走光了，華人街的牌匾和這錐形的紀念碑，仍屹立不搖記錄著這段歷史。

古巴華人街

而祕魯的華工，少數在熬過 8 年契約成爲自由人後開始努力向清政府上書，卻得不到晚清的積極回應，追求自由平等之路如此難行，

所幸波折不斷中希望漸漸萌芽，最後再加上國際媒體和輿論的施壓，好不容易北洋大臣李鴻章也與祕魯交涉華工事務，兩國終於在 1874 年簽訂了「中祕天津條約」，這是首次清朝和祕魯建交，漸漸各港口才停止了這種不道德的人口販運，而祕魯華工才得到平等和自由這些生而為人該有的權利。

不若古巴華裔的移民潮，華工大多選擇留在祕魯生根，使得祕魯成為了拉丁美洲最多華人的國家。華人的飲食文化和農耕也被悄悄潛移默化，這裡真的是拉美吃米飯最多的地方，有一次我還在祕魯餐館喝到加了薑熬煮的雞湯！在這旅行的十多天，口味都相當符合我的亞洲胃。

中餐廳內的女服務員收拾得差不多後前來寒暄，一如我好奇她的經歷一樣她也好奇我從哪裡來。我想口音是我們很大的區別，她原來來自廣東，且是近幾年才來祕魯工作的「新」移民。我好奇那當地的華人呢？但她透露的觀察也默默地解釋了我內心的疑惑。

「在這邊真的不常看到華人，一般華人在國外不是都還是會想聚在一起嗎？」她偶爾會參雜粵語地說：「但在這邊總覺得華人已經離散了。」

我覺得這就是華人已深入當地的一個證明吧。晚清後又過了好幾個世代，或許新的一代早已感受不到當時的血淚歷史，也或許說不出華語了。

我們走出夜色已暗的鬧區，宣示唐人街起始的牌匾，燙金的四個大字「天下為公」傲然地仍在暗夜裡發亮引人注視。那是當時的華人最想對世界吶喊的一句話吧。

蟻等生長華國，身出禮儀之鄉，為迫饑寒，遂爾遠適他鄉之域。
……屈指二十餘年，不下數萬人矣。

溯自到阜以來....恣東家而吩咐，放牛牧馬，一任指揮，開田掘井，即尊調遣。

工夫不斷於晨昏，力役無間乎寒暑，在蟻等亦為衣食之計，難昧主傭之分耳。

不意惡夷等恃富凌貧，喪良蔑理，視合同為故紙，等人命於草芥。

衣食工銀唯知吝惜，憔悴憊倦莫肯恤憐。

常見苛求，恆加打罵，或被枷鎖而力作，或忍饑寒而耕鋤。

在東家即屬苛殘，官府依然阿比，縱爾鳴怨，反遭譴責，

時時聞屈死之慘，處處有自盡之哀。

豈不知君父之恩難忘矣，獨是悲楚之下莫堪。……似乎負屈難伸，含冤莫白……。

——此華工投書記載於華工出國史料一書。

後記：這段投書總讓我耳邊響起老鷹之歌，這其實是一首抗西班牙殖民者的南美祕魯民歌，原為丹尼爾‧阿羅密亞斯‧羅布列斯所作，後被保羅‧西蒙重唱改編成英文才發揚光大。有段歌詞是這樣的：我願航行到遠方像來了又去的天鵝，一個人如果被束縛在地上，他會向世界發出最悲傷的聲音、最悲傷的聲音……

祕魯美食（內含可愛動物區）

燒烤天竺鼠

　　說到祕魯傳統菜餚，大家可能都聽過天竺鼠。我之前認識天竺鼠都是在科學期刊上，畢竟除了雪貂外天竺鼠也是被拿來免疫流感病毒得到抗血清的 animal model，沒想到正式認識它就是在餐桌上了。庫斯科的街頭到處都有餐廳販賣這道名菜，我們沒有特別上網查評價，倒是海產靠鼻子聞出了好吃的味道，我們就踏進了某家餐廳。

　　光臨後才發現這是間老奶奶的店，天竺鼠西文是 Cuy(音讀：鬼的臺語發音，類似 quickly 的 qui)，1/4 隻 cuy 其實不便宜，要價兩

三百臺幣，是平價祕魯美食裡算貴的，我們只點了一份想說試試看，結果奶奶端來的湯品和配菜都給了我們兩份，把我們餵得飽飽的。看一些部落客的感想都覺得不好吃，常看到評語是用炸的太油或有點野味，慶幸我們挑到了一家會料理的店，讓我到現在都意猶未盡那個香氣。若要形容，是烤乳豬的脆皮和濃郁的烤雞綜合體！

因為皮很韌一開始傻傻用刀都切不動，立馬被其他客人教育說沒有在用刀叉吃的啦！都嘛是拿起來啃！後來一啃果真停不下來，這家的 Cuy 用很特別的香草調味，帶點類似龍葵的苦味但是把 cuy 的氣味提升得很完美！簡單來說有點類似茄苳雞的概念，塞入草藥烤炙。本身骨子裡就是有想見真章的研究精神，為了 cuy 特別到市集好好考察一番，原來要用多種香草調配才好吃，而其中最主要的則是叫黑薄荷的香草，我在其他地方也沒見過，果然是十分道地的料理！

黑薄荷

羊駝排餐

　　草泥馬是祕魯的國寶，他甚至座鎮於祕魯國旗上，而草泥馬為何能坐上印加聖物的寶座？因為耐操（駝獸）、好用（可以用來罵人……不是啦！草泥馬毛柔軟親膚），當然還有好吃……。到庫斯科的第一天，我就冒著高山症和好幾天長途飛行的頭痛和疲態跟海產到市區報名當地旅遊，隔天就去拜訪庫斯科的名勝景點啦！

　　第一站是 Chinchero（音讀：琴切羅），有一個很美的謠傳說這裡是彩虹的出生地。因為濟貧的計畫，遊客都會被帶去了解草泥馬毛怎麼被製成織品的，然後兜售高級的手工草泥馬織品。講解的阿姨著傳統服飾表演得很生動活潑，解釋了仙人掌上的胭脂蟲有染色妙用，甚至利用酸鹼不同可以有不同的顏色。而古時候他們便利用印加肥皂 Saqta（音讀：撒克塔），是一種根莖類，磨碎後真的能在水裡起泡，可以將理下的羊駝毛洗乾淨。後續又介紹各種植物染成各種顏色，包含胭脂蟲所製的紅色，而後將染色後的毛梭成絲線進行編織。

　　其實常見的草尼馬有兩種不同的品種，一般瘦棕色的是駱馬 llama（音讀：壓馬），白胖毛多的是羊駝 alpaca（音讀：阿了巴嘎），alpaca 的毛又多又軟最常被拿來做成織品。一般除了用耳朵、毛量來分，顏色和體型也可窺出一二，所以海產說他是 llama，我是 alpaca（來人啊！拖下去！）。阿姨也特別提到了從很久以前他們就有豢養草尼馬和天竺鼠的傳統，而兩者甚至都是舉行祭典時的祭品，所以食用這兩種動物已經是根深蒂固的傳統。

各種染色原料

左即是羊駝排餐

羊駝排餐我們是在熱水鎮的餐廳吃到的，燒至得宜的九分熟，有類似鹿肉和羊排的綜合口感，肉質是十分精瘦的紅肉，肌紅蛋白的豐富程度也有點像菲力。因為擺盤精緻還有食用花，不像 Cuy 還看得到原型，我和海產算是吃得一點心理障礙也沒有。吃飽喝足還給了服務生周到的小費。

浮誇馬鈴薯料理

印加農業發達，玉米兩千多種，大玉米粒可以比我腳的大姆指甲還大，爆米花更是大到嚇死人！而馬鈴薯品種更多達五千種，是祕魯不可少的主食，吃法更是多種，除了每餐一定會有的薯條，還能做成蛋糕捲……

蛋糕卷是用黃肉馬鈴薯做的，這款馬鈴薯的特點是口感比較細密綿滑，去皮蒸熟後打成泥，卷入雞肉絲、紅蘿蔔以及豆類等有點口感的蔬菜！這道仙氣逼人的馬鈴薯捲叫做 causa rellena（音讀：糕莎 勒噎哪）rellena 就是有包餡的意思，這道菜也是祕魯名菜之一，但不一定呈現方式都像蛋糕捲這麼浮誇，有的是一層黃肉馬鈴薯泥，一層餡，像在疊提拉米蘇一樣！好吧，還是很浮誇！

口味不像牧羊人派充滿奶油香，反而很清爽！吃起來不膩反而帶點酸和檸檬清香。上頭的的酸奶油和起司會在尾韻完整融入做結，然後再引誘你挖下一口。總之，就是很好吃！在吃膩每餐都有薯條或烤薯角時，這樣的馬鈴薯捲我可以！

祕魯的好吃

　　說起祕魯美食真的是世界聞名，到底為什麼他這麼好吃？除了前幾篇介紹的農產品豐富度，祕魯也臨海因此有許多新鮮魚貨，內陸也有河鮮供應，雨林甚至有雨林菜系，這樣的食材豐富度首先打好了美食之都的根基。而除了傳統的原住民如印加或雨林原民的料理，陸續又受西班牙的歐陸料理感化、日本菜及中國料理影響，烹調手法更是多元。

　　我在利馬吃得到中華料理的主食米飯和粵菜點心、庫斯科吃到的燒烤天竺鼠即是印加料理代表之一、又能在熱水鎮和利馬吃到受日本菜系影響的檸檬醃生魚，而羊駝排餐即是印加食材和歐陸料理的完美

融合。

　　作為祕魯首都，利馬的美味更是信手拈來。我隨意造訪的幾家餐廳都可圈可點，而這得歸功於多位廚師的努力。其中一位可以說是祕魯的廚神 Gaston Acurio （音讀：嘎斯統 阿辜利歐），Acurio 來自政治世家，一開始他也是做歐陸菜系，卻覺得這只是在模仿他國料理，從此他潛心將祕魯食材帶入作品甚而發揚光大，他在利馬的餐廳頻頻入選全球 20 大餐廳，甚而還在國外開設了幾十家連鎖餐廳。

加薑的雞湯

　　不只如此，他在利馬創辦了廚藝學校，以印加王 Pachacutec 為名特別幫助貧窮學生有就業機會。學費低廉但門檻相當高，錄取率僅5%，但是一旦入學幾乎可說是就業保障，還能進 Acurio 旗下的餐廳實習，對許多來自貧民窟的青少年來說可說是就此翻轉生命的機會。

Acurio 沒有尊重父願走上政治，反而秉從心性選擇了廚師的道路，並設法將政治也無法改善的貧富差距藉由美食翻轉。

　　除了他當然還有許多知名的祕魯廚師默默在爲自己的國家耕耘，而也因爲眾人的齊心努力，許多人來祕魯甚至不是造訪馬丘比丘，而是爲了一探祕魯美食的底細。美食，果然是攻占世界最溫柔的武器。

檸檬醃生魚 Ceviche

美後

中以

中美以後

　　離開中美亦即離開海產，為了讓家人安心，也因為有了在臺灣的工作邀約，在簽證還沒到期前就先回國了，回歸我的本業從事研究。一如我一年前無縫接軌由離開實驗室到中美，我又從中美無縫接軌回到實驗室，像是要我品嘗這一年的收穫一樣，比較前後。

　　一年前一年後，我都做著相同的事情，但是態度和想法好像大有不同，卻說不上來。有時會覺得，一年的中美如奇遇，我真的有遭遇過這些事嗎？隨著晒黑的膚色漸漸在晒不到太陽的實驗室裡變白、在中美減下的體重因為臺灣的好吃方便又圓了好幾圈，只有手機裡的相片存在著轉瞬即逝的瞬間。於是我開始在粉絲專頁分享我的所見所聞，誠如我覺得國際觀是因為了解和關心開始，希望介紹給臺灣人拉美的美（或奇葩）。

　　寫著寫著，才發現時間是淬煉出精華的要素，許多在當下沒有察覺的細節，在往後追朔中才有了領悟。原來，這是一段喚回生命意義的旅程。

　　「你覺得到中美洲讓你的生命獲得了什麼？」兩年後轉換職場時，面試官這樣問。

　　過往回憶洶湧而來，我忽然無法簡要說出來，每一個獲得的背後都是一篇篇故事……。

　　曾以為我的人生會是在實驗室裡和流感病毒鬥智，生命卻引領我去了中美洲，鬥勇？我逃脫了儒莊，看見別種文化的繽紛、我從科研的理性中抽出，開始用心體會人文。

　　比如語言的獨特性：黑奴在耳濡目染下習得的英文，因文法錯誤的英文也隨著時間的風而形成了特色的方言 Creole、比如文化的相傳性：即使馬雅金字塔如傳說般凋敝地矗立在雨林間，但美食卻默默地流傳下來。又比如文化和人的對等，在歷史中看見許多人為的壓迫，西班牙攻下馬雅和印加，燒毀古籍又殲滅他們的信仰又或是殖民時期奴役的黑人或華人，他們被迫遠離家鄉服苦役。才發現，從古至今沒有一個強盛的國家學會謙卑，即便後來美國宣稱要協助美洲各國的獨立，背後卻悄悄吸食拉美民族的血液壯大自己……

　　不僅如此，看似文明的現代卻又有太多人不公平，比如巴西雨林使用的議題，即便我當然支持環保和環境永續，但是在知道強國殖民和資本主義帶走了大多的利潤後，現在又打著為地球盡一份力、冠冕堂皇地要求被剝削的貧窮國家不准動用自己國內的資源。我不禁深思究竟何為公平？而是否我們真有這個權利要求他們罔顧國內經濟──這上個世紀被偷走的資源，犧牲自己國家而照顧全球人民？

　　世界這麼大，我們真的能平等嗎？甚至身為臺灣人的我們，連國家一詞都難以被公認，卻還是對許多小國家存著看不起的心態吧？

　　在有答案之前，不如我們先反求諸己吧！

　　人人應該平等這件事卻是因為 Covid 疫情，藉由病毒的無遠弗屆應證了這件事，沒有誰有特權不被感染、沒有某一國有防護罩，我們都只是在這個地球生活的人，如果還沒跳脫以往的束縛，往往看不見高度。新聞裡各國的疫情天天都在播映，鎖國的鎖國，卸責的卸責，就在恐慌的世界裡主管在視訊會議裡說：「我們在一個國際公司上班，我不希望團隊有誰去怪罪誰或國家，誰要得到這個病都不是他們願意的。要有高度，我們一起了解正確的防疫資訊一起度過這世界性的難關。」

　　我的同事來自世界各國各不同時區，早上看著前一晚美洲同事寄的信和亞洲同事討論，下午和印度同事用 Namaste 說早安，和西班牙同事說 Buenos días, ¿cómo está? 偶爾晚上和美國客戶開會對方正睡眼惺忪還沒醒，而我則已經疲憊，我們都為彼此的時差作出讓步才能有機會面對面。

　　我還記得去年底才剛問起義大利同事聖誕節要回家嗎？她說對呀她要回拿坡里。

　　為了一探謠言的真實性，我刺探的詢問：「哇！那你們都吃什麼口味的披薩？」

　　「我都只吃最傳統、原味的！」她說

　　「是不是義大利人不吃有鳳梨的？」我終於問出口。

　　她勃然大怒：「別和我提到披薩上有鳳梨！」我在辦公室裡為這實證和她的反應笑到抽搐。

　　後來看見新聞報導說義大利人即便因疫情屯糧也留下了有鳳梨的冷凍披薩，這是尊嚴，我更是莞爾。

大家都是血肉之軀活生生的人。

中美洲帶我走入世界，工作之餘我更期待了解中國北方的坑、印度文化的種姓制度、義大利人對美食的堅持、和西班牙同事聊紙房子或是和日韓的同事約好到彼此國家去玩時要互相帶路。當然也有辛酸的時刻，烏俄戰爭的時候我天天關心烏克蘭同事、土耳其總統大選的時候我陪著他們、克羅埃西亞換成歐元的時刻我也在。這是我這份新工作的真諦，欣賞和尊重每種文化，我們嘗試用關心拉近彼此讓工作更順利，我們不歧視也不自卑。或許有一天，我真的會厚著臉皮到各國去拜訪他們。

德不孤，必有鄰。臺灣的六月已經是豔陽天，疫情不再構成威脅，我們更展現了高度把手伸向國際，當我在和新夥伴自我介紹時，好像來自各國的大家都已經不再陌生這個小國的威名：啊！是那個從來沒有封城過還能把口罩捐出來的那個小島呀。

我回想起我在入職前的自我介紹，是集結了在拉美流浪和這些年沈澱的感悟：「真的很榮幸能來到一個國際公司認識來自全世界的同事，即便有些國家或是獨裁或有不同的文化，但連接世界的是人。所以很高興能認識你們。」

而我期望著有一天，當有一天，我們不再是國與國、不是政權與政權，而是人與人。

中美以後，雖然有些當時逃避的路還是得回來再走，但我已經有無比勇氣。因爲我知道，腳步不會停，故事會再繼續。

那個當年邀我共舞不成的墨西哥男孩，現在我要跟他舞上一輩子了

　　寫於結婚前夕：一直想著要寫下我們的故事，卻又遲遲無法動筆，寫自己，總顯得矯情。直到他花費心思，耗盡數月拖盡人情終於拿到了他的單身證明，我終於有被下聘的感覺，真的非他不可了。

七年前

　　第一次約會他就遲到了一個多小時，如一個墨西哥人跟你說一下下就是一小時一樣。而我們一展亞洲人的美德準時的在家門口等，本以為是專車接送，直到一小時後才看他風塵僕僕的開著一輛小卡車，音樂開得大聲，我的墨西哥同學已在後車廂玩鬧了起來，原來他一家一家去接大家，我和我的臺灣同學尷尬的相視不知道鄰居會怎麼想，但不得不也跳上了後車廂。

　　地點更是尷尬，說好的夜店我以為是五光十色電子音樂滿滿瞬間成了茅草屋迪斯可。

　　七年前我透過一項外交學外語的獎學金計畫造訪了貝里斯，我的同學三分之二是墨西哥人，剩下的是宏都拉斯或薩爾瓦多，臺灣人包含我只有三個名額。

　　海產不是我的同學，他在墨西哥駐貝里斯大使館作為一名 IT 助理，他的臺灣朋友 V 聽說有新的三個臺灣人，透過他的關係輾轉和我的墨西哥同學相約，約了我們三個臺灣人一起去夜店（？）玩。

那是一個沒有太多遐想和身體碰觸的地方（但可能有大麻），就像老派的迪斯可，或迎新宿營的第一支舞或營火舞，拉美版的。我們成群的玩在一起。

後來他的臺灣朋友 V 很常約我們出去玩，所以和他聊天的次數也多了。我是一個三類組一路讀完碩士的臺灣女孩，對世界文化僅有粗淺的認識、慢熟又懼怕外國人，相比之下 R 的前男友是哥倫比亞人，在大學時期就有外國朋友，甚至會西班牙文，她活潑外向，是最受歡迎的臺灣女孩。

我知道她和海產常常彼此訊息，他也會訊息我，當時的我不以為意，因為我還停在刻板印象當中，並不想牽扯於拉美人多情的關係裡。我不想活得太複雜。

後來幾次見面是因為 V 的烤肉生日，和一個臺灣阿姨幫 V 辦的慶生，R 總是樂於參加這類活動，也會鼓吹我一起去。我很不好意思的吃著免費的食物，一邊又很慶幸有蹭到一餐，那可是貧窮學生不能常吃的大餐，這樣獎學金又能多存一點去旅遊了！

蹭人家的飯，總不能白食，沒錢就出勞力，當晚我把大家的鍋碗盆都給洗了，即便阿姨家每天都有請人打掃，我可以不用做的。

那晚，他總是在觀察的銳利的眸淡淡的笑了。

之後我常收到他的訊息，我也常和他聊 R，比如 R 喜歡什麼、今天做了什麼，他偶爾會在最後接一句：「那你呢？喜歡什麼？你做了

什麼？」

　　我以為他想透過我知道更多 R 的事，甚至 R 當時在找房子想搬出去住，他也積極的載著她在學校周邊晃（當然我也被迫坐在車上就對了）。我以為這心意甚是明顯了，卻不見他對 R 表白。

　　就在每週末我都能見到他和 V 哥倆的時光裡，墨西哥同學決定在他們國慶的時候辦一個趴踢，漸漸和同學相熟的我也不再那麼矜持著各自的文化，也有了要好的墨西哥同學。墨西哥的趴踢是少不了食物、酒、音樂和跳舞的、光進門我就被迫灌了一小杯龍舌蘭暖身，身體熱烘烘的我拿著點心吃著，身體隨著音樂晃著，一旁的班對已經熱吻起來。我到處拍下他們準備的食物、舞蹈、他們的律動和吻，直到他伸出一隻手邀我一起跳舞。

　　發現他和 V 也來了，我看他自在的扭動肩膀混進舞群裡，我帶著他找到 R，幫他和 R 拍了一起跳舞的照片，可他還是執著的伸出手邀我一起，所以我假借要拍更多照片逃走了。我有點氣惱他應該和 R 專心舞上一整晚，而不是再加上我，三個人怎麼舞？難道墨西哥人對跳舞的對象就不能像挑伴侶一樣專一嗎？對他們來說跳舞的對象是誰都沒關係嗎？更何況還是在他喜歡的 R 面前邀我，該令 R 怎麼想？

　　自那天後他訊息我更加頻繁，甚至問我為什麼不和他跳舞，有時會丟些曖昧不明的訊息，會說想我了，我氣惱他怎能這樣對 R ！可是 R 後來跟我說，他每次都約不到我就來找她帶我一起出去。至此我總算開竅了，這個腹黑男從頭到尾都是在意我的。R 是聊天的對象

但不是心之所向，他想共舞的是我，不是我帶他去找的 R。

　　他說，第三次見面他就認定我了，我主動洗碗的時候，讓他想起了她過世的外婆，那個總是為著大家喜歡幫助人的外婆。

一直伸手邀我跳舞的海產，我顧著拍照閃躲

七年後

　　後來在一起六年，跨過難熬的異國戀，經歷每年見面後淚水伴隨的分別，我才第一次陪著他回到老家，見到他生長的環境和他的親人，看見那些相處和價值。他到影響他甚深的外婆的墓地跟她解釋：「你說同村的想法雷同才能保持婚姻長久，雖然我找的女孩不是你要求的同村的女孩，但是至少我們有相同價值觀。而且……是妳讓我找到她的吧？」我們紅著眼面面相覷。雖然我曾因為他的外國臉孔而有所猶疑，但他用時間證明了他這一生只想和我共舞，我們在他外公的九十大壽慶祝會上盡情舞著，這次我沒有逃走了。

　　回臺灣的行李多了一份他的單身證明，那是國際結婚避免重婚罪必須的文件，從出生地發出，到州廳認證、再寄到墨西哥市的內政部認證，再再寄到外交部認證，最後，還得寄去駐墨西哥中華民國辦事處認證這份文件無疑。他從春天開始申請，一關關的托人情幫忙寄和拿，最後才在夏天的尾巴拿到；一如三年前他也為了我來臺唸書，辭了原本在大使館的工作只為了也一關關過各種獎學金面試。他對我的真心不疑，一如他用層層實踐證實只有我，這份文件比一只戒指重上太多。

　　所以，是的，我們要結婚了。

海產在亡靈節求的婚….
這就像一個華人男生在清明節跟你告白送菊花同一種意思……
方式也很有海產風格，IT 人給我用 iPad 圈選題呈現
也沒有什麼山盟海誓
「結婚我就繼續幫忙繳房貸，離婚我就包袱款款回墨西哥，看你選哪一個」
我都不知道一個墨西哥人當伴侶求婚都要這麼有墨西哥味，日期是亡靈節、挑花
的品味也很墨西哥。

我們的故事番外 1

其實海產年輕時幹過駭客，白駭客那種，但他已收山現在純幹資安的工作。我懷疑他們家人都有雷文克勞血統，叔叔在美國當化學教授，他兒女都名校領獎學金。海產上課都在睡覺下課都在打球，畢業前五名還無師自通駭客任務。但他生物化學真的很爛，去陽明山跟我說那個硫磺是 Zn……（來人啊拖下去！）

回到七年前的當時，那時候他每週末都找藉口來我住的城市，不見我不行。那時我們已經是很曖昧的狀態了，但是我還是內心很抗拒，也不相信跟一個以毒梟和多情聞名的人種能有什麼結果，內心千百個糾結。一年後我回臺了就分手嗎？未來怎麼辦？我又不可能在中美洲一輩子？我爸媽是不可能接受他的！他到底有沒有細想過這些問題？！

正逢他幫大使館出差，人不在貝里斯在墨西哥，我正好逼著我們兩個都冷靜冷靜不要一頭熱，但他墨西哥人天生浪漫看韓劇都會流淚的性格看來是冷不下來，居然半夜駭進一個網站說他很想我，知道 R 抱怨她沒有還做了一個給她，把人家網站半夜搞成下面截圖這個樣子。

真的不是圖案是一個網站，只是他十分鐘就把它恢復正常了啦！

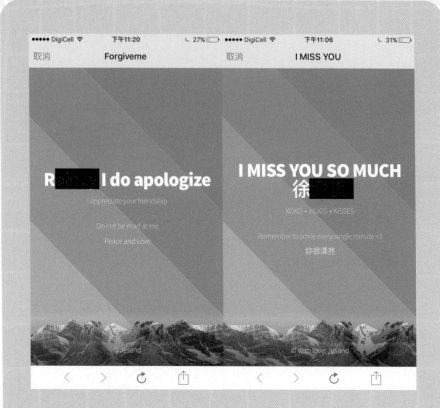

我們的故事番外 2

雖說那個網站有讓我感動，但我還是沒有答應要跟這個人在一起，而且我也很怕他只是單純想和亞洲人發生關係，所以我就跟他說（很正經）：「我是有雞雞的，我是陰陽人！」

然後他就真的信以為真，並非常認真地安慰我每個人都是很獨特的，像他的家鄉瓦哈卡 Oaxaca 的薩波特克 Zapotec 原民文化裡，就也有一群第三性族群 Muxe（比較偏僑娘文化），他們會穿上女性傳統服飾，所以這一點也不奇怪！他早就習慣這種事情所以他也不會因

此而不喜歡我和不接受我，並要我有自信面對。

　　其實我沒想到他可以這麼認眞的對待我所說的每件事情，我本來還想說我得再花一點時間說服他這件事情，畢竟是有點荒謬，但是他第一時間的回應反而眞誠地讓我慌了手腳，也是爲此我開始發現這個人的不一樣。

　　最後我才答應跟他在一起。

　　（我覺得我的讀者一定覺得這什麼神經病情侶的故事吧，然後陰陽人也中槍。）

　　不過也因爲海產我才眞的認識到不管是哪一國或什麼人種，大家不過都是人。而我爸媽雖然一開始超反對還派我堂姐來把我抓回臺灣，我姊超潔癖居然爲了我來貝里斯這鳥不生蛋的地方（對不起貝里斯讓我誇飾一下），但現在認識海產後他們都很慶幸我碰到了一個這麼愛我的人。

　　所以，未來我會以墨西哥人妻的身分繼續打滾。

全書完
Fin

VIEW ⑬⑦
流亡拉丁美洲——漂洋過海拐回愛

作　　　者—Soy Mavis
主　　　編—李國祥
企　　　畫—吳美瑤
董 事 長—趙政岷
出 版 者—時報文化出版企業股份有限公司
　　　　　一〇八〇一九臺北市和平西路三段二四〇號三樓
　　　　　發行專線—（〇二）二三〇六—六八四二
　　　　　讀者服務專線—〇八〇〇—二三一一—七〇五
　　　　　　　　　　　（〇二）二三〇四—七一〇三
　　　　　讀者服務傳真—（〇二）二三〇四—六八五八
　　　　　郵撥——九三四四七二四時報文化出版公司
　　　　　信箱——〇八九九臺北華江橋郵局第九九信箱
時報悅讀網—http://www.readingtimes.com.tw
電子郵箱—genre@readingtimes.com.tw
法律顧問—理律法律事務所　陳長文律師、李念祖律師
印　　　刷—勁達印刷股份有限公司
初版一刷—二〇二三年十一月十日
定價—新臺幣四〇〇元

流亡拉丁美洲 : 漂洋過海拐回愛 / Soy Mavis著. --
初版. -- 臺北市 : 時報文化出版企業股份有限公司,
2023.11
　　面；　公分. -- (View ; 137)

ISBN 978-626-374-528-5(平裝)

1.CST: 遊記 2.CST: 旅遊文學 3.CST: 拉丁美洲

754.8　　　　　　　　　　112017903

ISBN 978-626-374-528-5
Printed in Taiwan